변호사 김양홍의 행복 나누기

▲더푸른

추천사1

남을 위해 쓰는 행복

《변호사 김양홍의 행복한 동행》 1, 2, 3 출간에 이어 김양홍 변호사의 행복한 동행 시리즈 네 번째 책인 《변호사 김양홍의 행복 나누기》 출간을 진심으로 축하합니다. 김양홍 변호사는 신실한 기독교인, 엄격하고 절제된 법조인, 그리고 축복받은 가정의 가장입니다. 평소 옳고 그름의 만사를 기록하고, 확인하여 이웃과 지인과 대중과 공유하는 분입니다. 특히 《행복한 동행》 1~3을 통해 인생에서 중요한 것은 서로 나누어 가질 수 있는 상대를 가져야 한다는 메시지를 줬습니다. 아무리 많은 재산을 가지고 있다 하여도 함께 나눌 수 있는 상대가 없다면, 아무리 풍부한 경험과 지혜를 가지고 있다 하여도 함께 공유하고 나눌 수 있는 상대가 없다면 그것처럼 허무한 일은 없을 것입니다.

그래서 항구에 있는 배는 안전 하지만 그것이 배를 만든 이유는 결코 아닐 것입니다. 폭풍이 몰아치는 밤바다를 건너 행복한 세상으로 나아가야 하고 그곳에서 행복을 나누겠다는 김양홍 변호사를 가까이서 볼 때면 쫓기는 마음보다 여유 있는 마음이 행복함을 깨달았습니다. 나를 위해 쓰는 행복보다 남을 위해 쓰는 행복은 등불과 같은 행복이라는 것을 김변호사를 통해 느끼기도 하였습니다.

실수하는 것은 인간이라면 언제나 용서하는 분은 하나님입니다. 늘 하나님을 공경하며 가정에서, 직장에서, 사회에서 실수와 용서의 사이에서 조정자 역할을 하는 분이 바로 김양홍 변호사입니다.

김양홍 변호사의 원동력은 언제나 격려와 내조로 성원하고 있는 현숙한 부인인 나주옥 교수님과 부모와 자식의 관계를 부자유친의 밧줄로 꽁꽁 묶고 있는 딸 은혜와 아들 은철이가 있기 때문인 것 같습니다.

우주항공 분야의 일을 하고 있는 저는 김양홍 변호사의 행복한 동행과 행복 나누기가 멀리 우주까지 퍼져 나가기를 소망합니다. 행복 전도사인 김변호사가 앞으로도 값지고 알찬 일들을 성취하면서 행복한 동행과 행복 나누기로 이 세상에서 어둠을 밝혀주는 참 불빛이 되어 주기를 염원합니다.

2019년 12월 19일

중앙엔지니어링 회장 김용직 心告

추천사2

필터가 없는 사람 ...

강열한 햇빛의 계절이 되었다. 이젠 여름이면 모든 사람들이 선글라스를 끼고 다닌다. 더구나 요즘은 편광필터가 장착된 선글라스가 눈에 좋다고 한다. 색안경은 자외선으로부터 눈을 보호하는 기능도 있지만, 사물을 왜곡해서 본다는 뜻으로 쓰이기도 한다. 나는 어떤 색안경이나 필터를 통해서 세상을 바라볼까…

다양성의 시대… 무수한 정보가 쏟아지는 가운데 내 머릿속 렌즈에 장착한 필터를 통해 정보가 분류되고 각색되어 저장되거나 버려진다. 그런데 살다 보니 그런 필터가 없는 사람도 보았다. 아님 투명한 필터를 지녔는지 알 수 없지만…

김양홍 변호사가 바로 그런 사람이다. 모든 것을 그대로 받아들인다. 그리고 거기에 행복과 긍정을 덧입혀 내보인다. 그런 긍정의 힘이 어디서 나오는지 부럽기만 하다. 사람의 영혼이 맑거나 지혜가 가득하면 순수한 감수성만 남는 모양이다. 모든 것이 그와 동화되고 섞여서 행복이라는 제품으로 리사이클링 되어 같이 나누자고 한다.

《변호사 김양홍의 행복한 동행》 1과 2, 3에 이어 이번에 네 번째 선물이 나왔다. 그야말로 연년생이다. 날로 글의 내공이 깊어져 글을 읽는 내내 고개를 끄덕이게 한다. 바쁜 와중에 언제 이 많은 자료를 수집하고 집필까지 하셨는지, 그 열정과 치열한 삶의 태도가 존경스러우며 내게 부끄러움을 안긴다.

저자 김양홍 변호사는 이 세상에 수많은 제품 중에 '행복'을 나누자고 외치는 '행복

팔이 소년'이다. 무슨 말이 필요하겠는가. 변화를 쫓아가기에도 벅찬 이 시대에 '행복과 긍정의 아이콘'인 저자의 일관성과 성실함에 박수를 보내며 나눔의 의미를 되새긴다.

2019년 7월 무더운 어느 날

시인 · 수필가 · 사단법인 한겨레문인협회 부회장 전남옥

작가의 말

행복 나누기의 기쁨

참말로 감사한 마음으로 서문을 씁니다. 저는 참 부족한 사람입니다. 그래서 저의 글도 많이 부족합니다. 그렇지만 저의 부족한 삶을 나누면서 독자 여러분들과 함께 행복한 동행을 하는 것이 저의 인생길에서 뜻 깊은 일이라 생각하여 이렇게 행복한 동행 시리즈 네 번째 책을 출간하게 되었습니다. 저의 책들은 처음부터 끝까지 '더불어 사는 세상이 더불어 행복한 세상'임을 이야기 하고 있고, 또 이야기 할 것입니다.

제가 김홍신 선생님의 "죽기 전에 수필집을 쓰라"는 강의를 듣고 얼떨결에 2016년 《변호사 김양홍의 행복한 동행》을 출간한 이후 올해까지 매년 책을 출간하게 된 것은 모두 다 하나님의 은혜입니다. 이제 저는 저의 생을 마감할 때까지 매년 책을 출간할 생각입니다. 그래서 앞으로 출간할 책 제목 40개를 미리 정해봤습니다. 내년에는 《행복 더하기》, 그 다음해는 《행복 곱하기》라는 제목으로 출간될 것입니다.

이 책의 표지 사진은 새터민(북한이탈주민) 청소년들입니다. 이 책 곳곳에 새터민 청소년들의 사진과 그들이 찍은 사진이 들어 있습니다. 그들에게 이 책을 통해 작은 기쁨이을 주고 싶어서입니다.

이 책이 나올 수 있도록 도와주신 분들이 많습니다. 우리 시대의 참 스승이신 김홍신 선생님, 친형처럼 저를 무척 아껴주시는 김용직 중앙엔지니어링 회장님, 늘 아름다운 글로써 사람을 감동케 하시는 전남옥 시인님 그리고 이 책을 만드느라 애써준 더푸른출판사 대표이자 저의 둘째 여동생인 김미아 동화작가와 둘째 매제 하린 시인에게 깊이 고개 숙여 감사인사를 드립니다.

저는 2019년 12월 10일부터 '행복한 동행 김양홍 TV' 유튜브 방송을 시작했습니다. 방송 내용 대부분은 저의 행복한 동행 시리즈 내용을 소개하는 것으로 채워질 것입니다. 저의 책과 방송을 통해 여러분 모두가 아름답고 행복한 동행을 할 수 있기를 간절히 소망합니다.

2019년 12월 12일 법무법인 서호 사무실에서

변호사 김양홍 올림

목차

추천사1 _ 남을 위해 쓰는 행복 3
추천사2 _ 필터가 없는 사람 5
작가의 말 _ 행복 나누기의 기쁨 7

제1편 삶과 지혜

좋은 것이 좋은 것을 낳는다 18
인생의 세 가지 주머니 20
가끔은 어리석어 보자 21
내일을 위해서 오늘을 희생하지 마라 23
때로는 직관 보다는 느리게 사고하자 24
작은 일이 곧 큰 일이다 26
워라밸(Work & Life Balance) 29
행복과 불행의 차이 30
행복한 보통 사람 33
행복도 불행도 모두 전염된다 34
구본무 LG 회장의 20분 룰 36
어느 마음가짐 37
우리 모두가 할 수 있다 39
개 보다 못한 사람은 되지 말자 40
당신은 무엇으로 기억되기를 바라는가? 42
부모는 원본이고, 자식은 복사본이다 43

나는 엄마와 똑같이 걷고 있어요 44
보장된 투자 46
봄이 되면 꽃은 피게 되어 있다 48
생각의 쓰레기통 50
매화는 일생동안 춥게 살아도 향기를 팔지 않는다 51
춘풍추상(春風秋霜) 53
천상운집(千祥雲集) 55
소자소사(小子小事)와 최 페치카 57
낙지생근 소재치성(落地生根 所在致誠) 60

제2편 삶을 아름답게 하는 것들

사랑 그리고 미움 64
아버지가 된 날 65
당신의 오늘을 잘 살라 68
나의 행복이 모두의 행복이 되길 바랍니다 70
오늘은 모든 사람이 꽃이다 73
멀리 가는 물 74
인생이란 76
희망은 반드시 절망과 함께 있다 79
2019년을 보내며 80
우리가 서로 사랑한다는 것 83
일이 아닌 기쁨으로 85
어느 날 결심한 세 가지 86
고난을 극복한 사람과 고난에 굴복한 사람 87
주여 이 죄인이 89

오늘을 위한 기도 91
영화 '1987' 92
영화 '궁합' 94
영화 '바울' 95
영화 '신은 죽지 않았다3' 97
영화 '국가부도의 날' 99
영화 '보헤미안 랩소디' 100
영화 '극한직업' 102
연주회 '울림과 어울림(The Voice)' 103
뮤지컬 '비커밍맘 시즌2' 105
어서와, 봄 (심찬양 그래피티 작품) 107

제3편 주님과 동행

복은 내가 빚는 그릇이다 112
너희는 세상의 소금이다 115
고난은 있어도 절망은 없다 117
더러운 말은 입 밖에도 내지 말라 119
그 사람들 120
감사함이 감사함을 낳는다 121
네가 능히 이 일 할 줄을 믿느냐 123
늘 깨어서 기도해야 하는 이유 125
항상 감사한 마음 주시옵소서 126
홀씨처럼 127
'주여'와 '나여' 129
우체부와 등대지기 131

선물(present) 132
행복한 결혼의 비밀 133
축복의 통로가 되어라 135
어느 한 사람 137
이수성결교회 목요복음집회 139
인생은 선물이다 141
수요예배의 무게 143
결국 사랑만 남는다 144
인생의 목적 146
기도밖에 148
하는 것과 좋아하는 것 149
내가 가치 있게 생각하는 10가지 151
하나님께 드리는 편지 153

제4편 이런 저런 이야기

모든 나무는 꽃을 피운다 158
해피 바이러스 160
단점마저도 161
초파리가 살면 얼마나 산다고 162
하나님과 감사 163
오하당 166
얼마나 다행이냐 168
많이 주는 자가 부자이다 170
하지 못한 첫 주례사 172
아내와 스마트폰의 전쟁 175

만남의 단비	177
그래서 가족이다	180
끌레도르와 초록매실	184
이실직고(以實直告)	185
행복은 말에서부터 온다	186
웃음은 행복을 부르는 마중물이다	187
수박 한 통	188
세상에서 가장 맛있는 밥	189
천심일미(千心一味)	190
아마 천국에도 TV는 있을 것이다	191
원칙(原則)에 강하라!	193
Cafe Rover House	195
Valentine's Day	196
일곱 살 딸의 엄마 사랑	198
카라멜마끼아또 OUT	200
첫 라운딩의 설렘	202
환경을 좋게 만들려고 노력하자	203
여기 저기	205
우산이 되어 주자	206
이런 게 행복 아니겠어	207
첫 생일빵	209
3과 30	210
세상에서 제일 맛있는 빵은 생일빵이다	214
우리가 얼마나 행복한 사람인지를 깨닫게 하소서	215
감사하고 감사합니다	217
아버지가 저희 아버지여서 참 행복했습니다	219

단팥죽	221
희망의 등대	222
스켈레톤 윤성빈 선수와 강광배 교수	224
문재인 뽑기	226
'책임' 이라는 단어의 의미	228
모든 국민은 법 앞에 평등하다	230
이겼다. 통일도 기대하자!	231
내가 생각하는 통일이란?	232
평화와 번영을 심고 키워야 한다	234
사실상 봄	236
특별한 일상	237
지대방	238
물고기에 대한 예의	240
양구 가는 버스 안에서	241
선거연수원 미래지도자 열린 캠프	242
삼척의 하얀낭만	244
남산공원과 경리단길	246
광릉수목원	247
가평 잣향기푸른숲	249
원주 소금산 출렁다리	251
장사도와 소매물도	252
4박 6일 하와이 여행기	254
10인의 내몽고 4박 5일 여행기	276

제1편 삶과 지혜

좋은 것이 좋은 것을 낳는다

세상살이에는 내가 할 수 있는 것과
내가 할 수 없는 것이 있다.
도저히 내가 할 수 없는 것들 때문에 고민할 필요 없다.
고민해도 해결이 안 될테니까 …
내가 할 수 있는 것은 지금 당장 하자.
우선 좋은 생각만 하도록 노력하자.
좋은 생각이 좋은 행동을 낳는다.
좋은 것만 보도록 하자.
나쁜 글과 영상, 나쁜 소식은 가능한 한 피하자.
좋은 것이 좋은 생각을 낳는다.
좋은 말, 사랑의 말, 격려의 말을 하자.
말은 씨가 되어 자라기 때문이다.
사랑의 말이 아니면 말문을 닫자.
좋은 장소만 가자.
술집 보다는 교회나 성당을 찾자.
좋은 장소에서 좋은 일이 일어날 가능성이 높다.
좋은 사람을 만나자.
사람을 판단한다는 것 자체가 미안한 일이고,
좋은 사람인지 나쁜 사람인지 판단하기도 어렵지만,
나쁜 사람은 피하고, 좋은 사람은 가까이 하자.
근묵자흑(近墨者黑)이다.
가장 중요한 것은 내가 좋은 사람이 되는 것이다.

그래서 어느 날 내가 누군가를 만나게 된다면
그 사람이 나를 만난 다음에는 더 행복해져야 한다.
나의 행복을 위해서 그리고 이웃의 행복을 위해서
내가 좋은 사람이 되어야 하는 것은 '의무'다.

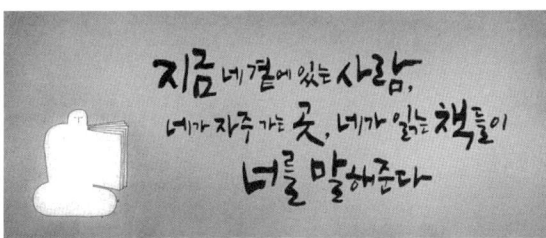

인생의 세 가지 주머니

이스라엘 최고의 강연가로 꼽히는 텔라비브대학 하임 샤피라(Haim Shapira) 교수는 《행복이란 무엇인가》라는 책에서 인생을 재미있게 살려면 주머니 세 개를 준비해야 한다고 말한다 하나는 앞으로 이루고 싶은 '꿈을 담을 주머니', 또 하나는 하루하루를 즐겁게 지내는 '재미 주머니', 그리고 세 번째 주머니는 '비상금 주머니'라고 한다. 다만, 그는 비상금 주머니에는 돈을 준비하는 대신 좋은 친구를 준비하라고 한다. 나는 그 세 가지 주머니에 무엇을 담을까?

나의 꿈을 담을 주머니에는 '나주옥의 남편, 은혜와 은철이의 아버지, 양가의 아들, 이수성결교회 장로, 법무법인 서호 대표변호사의 자리를 지키는 것 그리고 몸도 마음도 건강한 할아버지가 되는 것'이 담겨 있다. 재미 주머니에는 '생을 마감할 때까지 매년 책 1권씩 펴내기와 행복한 동행 강의하기, 60세 이전에 중국으로 유학가기와 같은 나만의 제3의 공간'이 담겨 있다.

비상금 주머니에는 좋은 친구들인 '북성중 五星會(한창용, 남상무, 김수현, 조삼영, 김양홍), 반포중 부자유친 OB 모임, 윤철수 상무'가 담겨 있다. 다만, 2020년부터는 비상금 주머니에 진짜 돈도 많이 담고 싶다. 그래서 내 곁에 있는 이웃들에게 하나라도 더 베풀다가 하늘나라 가고 싶다.

이제 나의 남은 인생을 즐길 일만 남았다.

가끔은 어리석어 보자

다람쥐는 가을이 오면 겨울 양식인 도토리를
부지런히 땅에 묻어두는데 묻은 장소를 다 기억하지 못한다.
결국 다람쥐의 겨울식량이 되지 못한 도토리는
나중에 도토리나무가 되어 다시 다람쥐에게 도토리를 선물 한다.
다람쥐의 기억력이 탁월해서
묻어둔 도토리를 전부 찾아 먹어버렸다면
산 속에 도토리나무는 씨가 말랐을거다.
다람쥐는 어리숙함 때문에 또 다른 식량을 제공 받게 되는 것이다.

요즘 세상에 어리석은 사람 찾기가 힘들다.
모두 영리하고 똑똑하고 계산이 빠르며 이문에도 밝다.
영리하다 못해 영악하기까지 하다.

옛말에 '기지(其智)는 가급(可及)하나,
기우(其愚)는 불가급(不可及)하다'라는 말이 있다.
똑똑한 사람은 따라할 수 있으나, 어리석은 자는 흉내 낼 수 없다.
사람은 영리해지기는 쉬워도 어리석어지기는 힘들다.
그만큼 어리석음을 따라 하기가 더 힘들다.
자기를 낮추는 것이기 때문이다.

영악한 사람은 사람에게 상처를 줄 수 있지만,
어리석은 사람은 사랑을 받을 수 있다.

사실 사람에게 허점이 있으면, 다른 사람이 그걸 채워 주려고 한다.
사람의 관계가 그런 것이다.
서로의 모자람을 채워주고, 어리석음을 감싸주고,
미숙함을 배려 해주는 것이 인간관계를 형성해주는 것이다.
내가 똑똑하여 남에게 배울게 없다면
그 사람은 고독한 시간을 많이 보내게 된다.
남이 다가가지 않기 때문이다.

가끔은 일부러라도 모르는 척, 어리석은 척, 못난 척하며 사는 것이
되레 도움이 될 때가 있다.
노자는 "알면서 모르는 것이 최상이요,
모르면서 안다함이 병이다."라 했다.
남을 속이는 것이 아니라면, 가끔은 어리석은 척하며 살아보자.
내가 모자란다고 하니 남과 분쟁도 없을 것이요,
되레 남이 내게 도움을 주려고 할 것이다.

오늘 아침 우연히 페이스북에서 만난 참 지혜로운 글이다.
가끔은 어리석은 사람이 되자.
가끔은 손해 보는 사람이 되자.
가끔은 부족한 사람이 되자.
원래 인간은 어리석은 존재가 아니던가?
우리 '지혜로운 척' 하는 가면을 벗고 살자.

내일을 위해서 오늘을 희생하지 마라

나의 모든 순간은 너였어

tvN 드라마 '김비서가 왜 그럴까?' 마지막 회 명대사이다.
내일을 위해서 오늘을 희생하지 마라.
오늘이 행복해야 내일이 행복하다.
오늘 사랑해야 내일 사랑할 수 있다.
드라마 볼 수 있는 오늘을 희생하지 마라.
본방송과 재방송은 보는 느낌이 다르다.
본방 사수는 마음이 담겨있기 때문이다.
나의 딸, 아들과 함께
드라마 마지막 회 본방을 사수할 수 있는
오늘밤 참 행복하다.

때로는 직관 보다는 느리게 사고하자

　야구 방망이와 야구공을 합친 가격은 1달러 10센트다. 야구 방망이의 가격은 야구공의 가격보다 1달러 비싸다. 그렇다면 야구공의 가격은 얼마인가? 수천 명이 넘는 대학생들이 이 방망이와 공문제를 풀었는데 결과는 매우 충격적이다. 하버드, MIT, 프린스턴 학생들 중 50% 이상이 직관적인 대답, 즉 오답을 내놨다. 이들보다 덜 유명한 대학들에서는 입증 가능한 오답률은 80%를 넘었다. 왜 이런 현상이 발생하는 걸까? 우리는 직관에 따라 뇌가 '자동적 시스템'을 따르면 효율적으로 작동하는 반면, 의식적으로 노력하고 생각해야 하는 '의도적 시스템'을 따르면 뇌는 많은 에너지를 소모하기 때문에 우리는 힘들어 하고 귀찮아한다. 따라서 우리는 오류를 줄이기 위해 때론 직관보다는 느리게 사고하는 의도적 시스템을 따를 필요가 있다.

　- 대니얼 카너먼(Daniel Kahneman)의 《생각에 관한 생각》 중에서 -

야구공의 가격은 얼마인가? 10센트라고 답한 사람들이 많을 것이다. 야구공이 10센트이고, 야구 방망이가 그보다 1달러가 비싼 1달러 10센트라면 합계는 1달러 20센트가 되어버린다. 야구공의 가격은 5센트이다.
 나는 변호사로서 직업 특성상 매 순간 판단해야 하는 경우가 많고, 실제로 직관에 따라 판단하는 경우도 많다. 물론 직관이 맞는 경우도 많지만, 직관이 틀린 경우도 있다. 대니얼 카너먼 교수 주장처럼 때로는 직관 보다는 '느리게 사고' 할 필요가 있다. 법률적인 판단 부분은 더욱 더 그렇다. 특히 법률문제만큼은 법조인의 자문을 받거나 다시 한 번 더 고민해 보는 것이 지혜로운 태도이다. 말도, 행동도 한 번 더 생각하고 하자. 직관은 틀릴 수 있다.

작은 일이 곧 큰 일이다

영국 런던 캔터베리 대성당에 '니콜라이'라는 집사가 있었다.
그는 어린 나이인 17세부터 성당의 사찰 집사가 되어
평생을 성당 청소와 심부름을 하였다.
하지만 자기 일이 허드렛일이라고 생각하지 않았고,
맡은 일에 헌신하고 최선을 다했다.
그가 하는 일 중에는 시간에 맞춰
성당 종탑의 종을 치는 일이 있었다.
그는 성당 종을 얼마나 정확하게 쳤던지
런던 시민들은 도리어 자기 시계를
니콜라이 종소리에 맞추었다고 한다.
그렇게 자신에게 엄격한 모습은 자녀들에게도 영향을 미쳐
그의 두 아들 역시 자기 일에 최선을 다해 노력해서
케임브리지대와 옥스퍼드대의 교수가 되었다.
그리고 그가 노환으로 임종을 앞두고 있을 때였다.
가족들 앞에서 의식이 점점 멀어지던 그가 벌떡 일어났다.
가족들이 놀라는 가운데 그는 종탑으로 갔다.
바로 그때가, 그가 평생 성당 종을 쳤던
바로 그 시간이었던 것이다.
그는 마지막 순간에도 정확한 시간에 종을 치고
종탑 아래에서 세상을 떠났다.
이 소식에 감동한 엘리자베스 1세 여왕은
영국 황실의 묘지에 그를 안장해 주었고,

그의 가족들을 귀족으로 대우해 주었다.
그리고 모든 상가와 시민들은 그날 하루는 일하지 않고
그의 죽음을 애도하였다.
니콜라이의 직업은 심부름꾼, 종치기, 청소부였다.
하지만 니콜라이는 자신의 의지와 헌신과 노력으로
그 일은 고귀한 것으로 만들어 냈다.

오늘 아침 받은 따뜻한 편지 1104호 글이다.
니콜라이는 죽는 순간 까지도 '자신의 일'을 하고 죽었다.
니콜라이의 마음가짐을 닮고 싶다.
자기 자리를 지키는 일,
우리 모두가 꼭 해야 할 일이다.
하는 일이 작은 일이든 큰 일이든
그 일이 이웃을 위하는 일이라면 니콜라이처럼 죽는 순간까지
마음을 다 해야 하지 않을까?
성경도 "작은 일에 충성하라"고 가르치고 있다.
작은 일이 곧 큰 일이다.

지극히 작은 것에 충성된 자는 큰 것에도 충성되고
지극히 작은 것에 불의한 자는 큰 것에도 불의하니라
- 누가복음 16장 10절 -

워라밸(Work & Life Balance)

워라밸(Work & Life Balance)은 개인의 일(Work)과 삶(Life)이 균형을 유지하고 있는 상태를 의미하는 신조어다.
요새 워라밸이 대세이다.
연세대 장원섭 교수는 워라밸을
'일과 삶의 균형'으로 정의할 것이 아니라
'일인 삶'과 '일이 아닌 삶' 간의 조화로 정의하자고 한다.
사람들이 노동을 바라보는 관점을 비교 조사한
국제사회조사프로그램(ISSP) 결과를 보면,
미국은 자아실현형, 일본은 관계지향형, 프랑스는 보람중시형,
우리나라는 생계수단형으로 분류된다.
우리나라 사람들 대부분은 먹고 살기 위해 일을 하는 것 같다.
그래서 가정 보다는 일에 매달리는 경우가 많다.
그러나 앞으로는 우리나라도
'자아실현형, 보람중시형'으로 바뀌기를 기대한다.
올해 나의 나이 52세, 법조인으로 입문한지 26년차이다.
나는 앞으로 변호사 일을 36년 더 할 생각이다.
88세, 88할 때까지 …
변호사 일은 내 삶의 일부분이기 때문이다.
내 입장이 아닌 의뢰인의 입장에서
마음과 뜻을 다하는 변호사로 살고 싶다.

행복과 불행의 차이

물은 높아졌지만 인격은 더 작아졌다.
고속도로는 넓어졌지만 시야는 더 좁아졌다.
소비는 많아졌지만 더 가난해지고,
더 많은 물건을 사지만 기쁨을 줄어들었다.
집은 커졌지만 가족은 더 적어졌다.
더 편리해졌지만 시간은 더 없다.
학력은 높아졌지만 상식은 부족하고,
지식은 많아졌지만 판단력은 모자란다.
전문가들은 늘어났지만 문제는 더 많아지고,
약은 많아졌지만 건강은 더 나빠졌다.

너무 분별없이 소비하고, 너무 적게 웃고,
너무 빨리 운전하고, 너무 성급히 화를 낸다.
너무 많이 마시고, 너무 많이 피우며,
너무 늦게까지 깨어 있고, 너무 지쳐서 일어나며,
너무 적게 책을 읽고, 텔레비전은 너무 많이 본다.
그리고 너무 드물게 기도한다.

가진 것은 몇 배가 되었지만 가치는 더 줄어들었다.
말은 너무 많이 하고, 사랑은 적게 하며, 거짓말은 너무 자주 한다.
생활비를 버는 법은 배웠지만,
어떻게 살 것인가는 잊어버렸고,

인생을 사는 시간은 늘어났지만,
시간 속의 삶의 의미를 넣는 법은 상실했다.
달에 갔다 왔지만, 길을 건너가 이웃을 만나기는 더 힘들어졌다.
외계를 정복했는지 모르지만, 우리 안의 세계는 잃어버렸다.

공기 정화기는 갖고 있지만, 영혼은 더 오염되었고,
원자는 쪼갤 수 있지만, 편견을 부수지는 못한다.
자유는 더 늘었지만, 열정은 더 줄어들었다.
키는 커졌지만 인품은 왜소해지고,
이익은 더 많이 추구하지만, 관계는 더 나빠졌다.
세계 평화를 더 많이 얘기하지만, 전쟁은 더 많아지고,
여가 시간은 늘어났어도 마음의 평화는 줄어들었다.
더 빨라진 고속 철도, 더 편리한 일회용 기저귀, 더 많은 광고 전단,
그리고 더 줄어든 양심. 쾌락을 느끼게 하는 더 많은 약들
그리고 더 느끼기 어려워진 행복

반기문 전 UN 사무총장의 신년사, 달라이 라마 등
수많은 저명인사들이 인용한 밥 무어헤드(Bob Moorehead) 목사의 글이다.
워낙 유명한 사람들이 많이 인용한 탓에,
원작자의 혼란이 야기되기도 했다.
위 글은 밥 무어헤드 목사의 연설문집

'적절한 말들(Words Aptly Spoken)'에 최초로 기재된 것이라고 한다.
우리 시대의 문제점들을 가슴 아프게 꼭 집어 되묻고 있다.
더 느끼기 어려워진 '행복'을 되찾는 방법은 무엇일까?
과거로 돌아갈 수도 없다.
행복과 불행의 차이는 결국 내 마음가짐의 차이가 아닐까?
아무리 많이 가져도
내가 불행하다고 생각하면 불행한 것이고,
아무리 내가 가진 것이 없어도
내가 행복하다고 생각하면 행복한 것이다.
범사에 감사하는 마음이 곧 행복한 마음이다.
또한 지금 행복해야 하고,
내가 서 있는 이 자리에서 행복해야 한다.
'내일 일은 난 몰라요' 복음성가 가사처럼
내일 일은 난 모르고, 장래 일도 모른다.
오늘 하루 감사의 삶을 살자.
그래서 오늘 하루 행복하자.
그 오늘이 쌓이고 쌓여 나의 행복한 삶이 될 것이다.

　숨 쉬기에는 두 가지 은총이 있으니, 들숨과 날숨이 그러하다.
　들숨으로 부풀고 날숨으로 도로 줄어드니
　놀랍게도 삶은 이렇게 섞여 있는 것.
　신이 너를 밀어붙일 때도 감사하라.
　너를 놓아줄 때도 감사하라.
　　- 요한 볼프강 괴테(*Johann Wolfgang von Goethe*) -

행복한 보통 사람

　　행복한 보통 사람이 되고자 하는 어느 홍콩 영화배우 이야기이다. 그는 배낭을 멘 채 버스를 타고, 태풍이 휩쓸고 간 홍콩 거리를 청소하고, 지하철 안에서 스스럼없이 시민들과 사진을 찍기도 한다. 운전기사가 기다린다면 마음이 불편할 것 같다는 이유로 대중교통을 고집한다. 그의 한 달 용돈은 우리 돈으로 12만원이다. 심지어 17년 동안 구형 핸드폰을 사용하다가 수리할 수 없을 정도로 망가지고서야 핸드폰을 장만했다. 그는 인생에서 가장 중요한 것은 돈을 얼마나 버느냐가 아니라 평온한 마음으로 사는 것이라고 한다. 그는 최근 홍콩 영화매체 제인 스타즈(Jayne Stars)와의 인터뷰를 통해 "전 재산 56억 홍콩달러(한화 약 8,096억 원)을 모두 자선단체에 기부하겠다."고 약속했다. 그의 꿈은 '행복한 보통 사람'으로 사는 것이다. 그는 영화 '영웅본색'(英雄本色) 등으로 홍콩 누아르 영화(암흑가를 다룬 영화)의 한 시대를 풍미하고, 지금도 활약하고 있는 배우 주윤발이다. '영웅본색'의 낭만적인 갱스터 주윤발은 성냥개비를 물고 쌍권총을 든 80년대의 아이콘이었다. 그는 올해 1955년생으로 63세이지만, 32년 전 영웅본색이 개봉된 1986년의 모습과 별 차이가 없는 것 같다. 그는 영화 속에서나 영화 밖에서나 한결같이 '영웅본색'이다. 우리 곁에 이런 영웅이 있다는 것이 참 기분 좋다. 그의 그림자만이라도 쫓아가고 싶다.

돈은 내 것이 아니고, 잠시 내가 보관할 따름이다.
돈은 행복의 원천이 아니다.
내 꿈은 행복한 보통 사람이 되는 것이다.
- 주윤발(周潤發) -

행복도 불행도 모두 전염된다

행복과 불행은 전염성이 매우 강하다.
행복뿐만 아니라 불행도 전염된다.
행복한 결혼생활을 꿈꾼다면,
행복한 배우자를 만나라.
덩달아 행복해진다.
행복한 인생을 꿈꾼다면,
나의 가족과 이웃들을
행복한 사람들로 가득 채워라.
그들이 행복해지기만을 기다리지 말고,
그들을 행복하게 만들어줘라.

> **욥이 그의 친구들을 위하여 기도할 때
> 여호와께서 욥의 곤경을 돌이키시고
> 여호와께서 욥에게 이전 모든 소유보다
> 갑절이나 주신지라
> - 욥기 42장 10절 -**

욥이 그의 친구들을 위하여 기도할 때
하나님은 욥의 친구들보다
오히려 욥의 곤경을 돌이켜
욥의 말년에 처음보다 더 복을 주셨다.
내 곁에 있는 사람을 축복하고 기도하는 삶은

곧 나를 축복하고 기도하는 삶이다.
복은 받는 것이 아니라 내가 짓는 것이다.
세상에 공짜 없다.
아낌없이 베풀자.

구본무 LG 회장의 20분 룰

지난 2018년 5월 20일 별세한 구본무 LG 회장의 미담이
꼬리에 꼬리를 물고 이어지고 있다.
전무후무한 사례 같다.
그 미담 중 하나가 '20분 룰'이다.
사람을 만나 식사 대접하기를 즐겼던 구본무 회장은
무슨 자리든 상대가 누구든
20분 먼저 도착해 상대방을 기다리는
'20분 룰'을 만들어 지켰다고 한다.
스스로 손해 보는 삶을 실천하고,
손해 보는 삶이 결코 손해가 아님을 행동으로 입증한
구본무 회장의 삶을 본받고 싶다.
유가족들에게 하나님의 위로를 빈다.

어느 마음가짐

2018년 9월 7일 새벽 2시 12분경 천안지청 이상돈 검사가 한 아파트 엘리베이터 안에서 과로사(過勞死)했다. 그는 임관 4년 차 검사로서 올해 겨우 35세이다. 그는 아내와 세 살배기 아들을 남겨두고 소천했다. 그의 아내가 유품을 정리하다가 남편이 남긴 수첩 안에 있는 'Mind setting(마음가짐)'이라는 글을 장례를 도와준 천안지청에 감사편지를 보내면서 함께 담아 보냈다.

> 항상 남을 배려하고 장점만 보려고 노력하자
> 늘 밝은 모습으로 지내자
> 주변 사람에 늘 친절하고 애정을 보이자
> 일은 열정적이며 완벽하게 하자
> 생각을 바르게 그리고 똑똑하게 하자
> 감사하자 감사하자 그리고 겸손하자

그의 마음가짐 글을 보는 것만으로도 마음이 정결해지는 기분이다. 천안지청은 그 내용을 검찰 내부통신망에 올렸고, 많은 검사들이 '정말 수첩에 적은 대로 살았던 검사'라는 애도의 댓글을 달았다.

특히 그의 아내는 천안지청에 보낸 감사편지에서 '검사 이상돈은 타인을 귀히 여기고 사랑하는 마음으로 약자를 배려하며 살아왔다'면서 '그의 하나밖에 없는 아들을 난 사람이 아닌 된 사람으로, 훌륭한 성품을 가진 이 나라의 기둥으로 키울 수 있도록 지켜봐 주시길 부탁드린다.'고 했다.

그의 아내는 자신의 슬픔을 글로 표현하기조차도 어려울 텐데, 남겨진 아들을 '된 사람'으로 키우겠다는 그녀의 마음가짐이 남편 못지않다. 그야말로

부창부수(夫唱婦隨)이다. 한 젊은 검사의 죽음을 통해 나의 삶을 돌아보게 된다. 나의 딸과 아들도 '된 사람'으로 키워야겠다. 감사하고 감사하면서 ...

우리 모두가 할 수 있다

가끔 폭풍, 안개, 눈이 너를 괴롭힐 거야.
그럴 때마다 너보다 먼저 그 길을 갔던 사람들을 생각해봐.
그리고 이렇게 말해봐.
'그들이 할 수 있다면, 나도 할 수 있어'라고
 - 생텍쥐페리의 《어린왕자》 중에서 -

폭풍, 안개, 눈의 공통점이 있다.
모두 언젠가는 그친다는 점이다.
우리네 인생살이도 마찬가지 아닐까?
아무리 힘들더라도 절망하지는 말자.
지금 내가 할 수 있는 것만 하면 된다.
하나님은 나를 사용하시기 위해
이 땅에 태어나게 하셨음을 믿는다.
나는 지금 내가 있는 자리에서
마음을 다하고, 정성을 다하면 된다.
그 다음은 하나님이 하실 영역이다.
인생은 낮과 밤의 연속이고,
인생의 폭풍, 안개, 눈은 그치게 되어 있다.
나도 할 수 있고,
여러분도 할 수 있고,
우리 모두가 할 수 있다.

개 보다 못한 사람은 되지 말자

2018년은 무술년(戊戌年) 황금개띠해다.
개는 오덕(五德)의 품성을 겸비하고 있다.

첫째 개는 '의리'가 있다.
개는 오로지 주인바라기다.

둘째 개는 '겸손'의 상징이다.
개는 주인에게 납작 엎드린다.
자기 몸을 낮추는 것이 체질화됐다.

셋째 개는 '공감' 능력이 탁월하다.
개는 주인의 눈빛만으로도
주인이 무엇을 원하는지 금세 알아챈다.

넷째 개는 '사랑'의 화신이다.
멀리서 주인의 발소리만 들려도
두 귀가 쫑긋 솟고, 꼬리가 절로 흔들린다.

다섯째 개는 '희생'의 덕목도 지녔다.
지구상에서 다른 종족을 위해
목숨을 내놓는 존재는 개밖에 없다.
'개만 못하다'는 말은 당연한 말이다.

오히려 개의 위 5가지 품성을 다 갖춘 사람이 드물지 않을까?
'개 같은 사람'은 욕이 아니라 칭찬 아닐까?
개 보다 못한 사람은 되지 말자.

당신은 무엇으로 기억되기를 바라는가?

피터 드러커(Peter Drucker, 미국의 경영학자)는
어릴 때 선생님께 받은 한 질문을 평생 기억하며 살았다고 한다.
그 때 선생님은 이런 질문을 하셨다.
"너는 무엇으로 기억되기를 바라니?"
아이들이 대답을 못하자, 웃으면서 말씀하셨다고 한다.
"지금 대답하지 못해도 괜찮아.
그러나 쉰 살이 되어서도 대답하지 못한다면
그것은 네 삶을 낭비했다는 뜻이란다."

오늘 아침 지인으로부터 받은 글이다.
올해 내 나이도 만으로 쉰 살이다.
나는 무엇으로 기억되기를 바라는가?

"참 멋진 아무개(손자나 손녀 이름) 할아버지였다."

나는 아무리 높은 지위도, 아무리 많은 돈도, 아무리 깊은 믿음도
참 멋진 아무개 할아버지와 바꾸고 싶지 않다.
욕심을 하나만 더 가진다면,
내가 섬기고 있는 이수성결교회 성도님들에게
'보고 싶은 김양홍 장로'로 기억되고 싶다.

부모는 원본이고, 자식은 복사본이다

모는 원본이고,
가정은 복사기이며,
자식은 복사본이다.

자식은 부모의 미래이고,
부모는 아이의 미래이다.

오늘 아침 페이스북에서 만난 글이다.
딸과 아들을 둔 아버지로 공감하고 공감한다.
자식 탓할 것 없다.
모두 나의 모습이다.
부모로서 더 기다려주고,
나의 삶이 자식의 자랑이 되도록
늘 뜻을 다하고, 마음을 다하자.

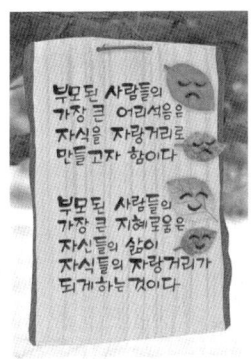

나는 엄마와 똑같이 걷고 있어요

해변에서 엄마 게와 아기 게가 산책하고 있었다.
그런데 아기 게가 앞으로 똑바로 걷지 않고,
옆으로 걷고 있는 것이 아니겠는가?
엄마 게가 아기 게에게 타이르면서 말했다.
"아가야, 옆으로 삐뚤게 걷지 말고
엄마처럼 앞으로 똑바로 걸어보렴."
아기 게는 엄마의 걷는 모습을 보더니 또 옆으로 걷기 시작했다.
엄마 게는 아기 게에게 화가 나서 다시 말했다.
"아가야, 엄마처럼 똑바로 앞으로 걸어보라니까!
왜 자꾸 삐뚤게 옆으로 걷는 거니?"
그러자 아기 게가 대답했다.
"엄마, 나는 엄마와 똑같이 걷고 있어요.
바닥에 찍힌 발자국은 우리 둘 다 옆으로 이어져 있잖아요."

이솝우화에 나오는 '엄마 게와 아기 게 이야기'이다.
부전자전(父傳子傳)이다.
나는 똑바로 살지 않으면서 나의 딸, 아들에게만
똑바로 살라고 한 것은 아닌지 반성한다.
슈바이처 박사는 자녀교육에서 중요한 3가지는
첫째도 본보기, 둘째도 본보기, 셋째도 본보기라고 했다.
자녀들에게 누구처럼 살라고 할 것이 아니라
"나처럼 살라"고 자신 있게 말할 수 있는 삶을 살자.
그리고 옆으로 걸을 수밖에 없는 '게'에게
똑바로 걸으라고 하는 것은 틀린 말이다.
사람들마다 하나님으로부터 받은 달란트는 모두 다르다.
'게'의 달란트를 가진 사람이 똑바로 걷지 못하는 것은
잘못된 것이 아니라 당연한 것이다.
우리 아이들 '붕어빵' 그만 만들자.

보장된 투자

보장된 투자에는 어떤 것이 있을까?
주식 투자 보다는 부동산 투자?
부동산 투자가 안전하다고 하지만,
모든 부동산 투자가 이익을 보장해 주는 것이 아님은 자명하다.
변호사 업무를 수행하다보면 투자라고 판단되는 것
모두가 위험해 보인다.
자식에 대한 투자는 어떨까?
그나마 남는 투자인 것 같지만,
이 또한 보장된(?) 투자는 아니다.

> 내가 살아보니까
> 남의 마음속에 좋은 추억으로 남는 것만큼
> 보장된 투자는 없더라.
> - 장영희 교수 -

ⓒ 조청룡, 외로움 차가움.

장영희 교수님의 말씀에 공감한다.
사람들 사이에서 뿐만 아니라
부모자식 사이에서도 부모가 자식에게
줄 수 있는 최고의 선물은
좋은 추억을 만들어 주는 것 아닐까?
인생은 추억 쌓기다.
행복은 좋은 추억 쌓기다.
우리 그렇게 좋은 추억으로 남자

봄이 되면 꽃은 피게 되어 있다

사랑하는 사람에게 할 수 있는 가장 나쁜 일은
바로 그들이 할 수 있고 해야 할 일을 대신해 주는 것이다.
- 아브라함 링컨(Abraham Lincoln) -

부모는 자식에 대하여 무한책임(無限責任)을 지는 것 같다.
그렇게 무한책임을 지는 것까지는 좋은데,
무한소유(無限所有) 하려고 하는 것은 문제다.
심지어 자식의 생각까지 지배하려고 한다.
남의 이야기가 아니고, 바로 나의 이야기이다.
나는 다 내려놓았다고 해놓고,
여전히 내 생각을 딸, 아들에게 주입시키고 있다.
자녀교육이라는 이름으로 …
좋은 대학을 가고, 좋은 직장을 얻어야
행복하게 살 수 있다는 생각 때문이다.
자녀에게 조언하는 것으로 그쳐야 하는데,
내 뜻대로 자녀를 끌고 가려고 한다.
오늘 아침도 그렇게 생각하고, 행동했다.
힘든 것을 내려놓는 것도, 힘든 것을 극복하는 것도
자녀가 선택할 몫이다.
부모는 자녀가 지혜로운 선택을 할 수 있도록
'돕는 자'로 그쳐야 한다.
고난은 축복이다.

고난을 통해 하나님과 더 가까워 질 수 있고,
고난을 통해 더 성숙해 질 수 있는 것 아닌가?
너무 조급하게 생각하지 말자.
봄이 되면 꽃은 피게 되어 있다.

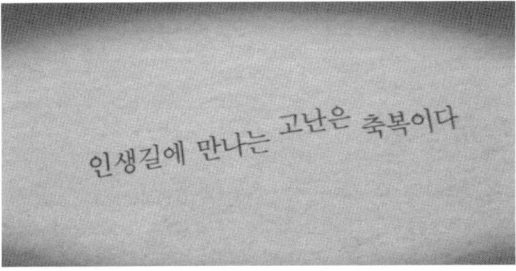

생각의 쓰레기통

당신에게는 생각의 쓰레기를 받아 주는 친구가 있는가?
고등학교 3학년 아들이 자신의 생각의 쓰레기를
받아 주는 친구가 있다고 한다.
그래서 아들은 그 친구와 대화할 때는
쓸데없는 이야기를 서로 받아준다고 한다.
아들이 참 멋진 친구를 뒀다.
나는 52세가 되도록 만들지 못한 친구를 …
아들과 그 친구는 서로가 서로의 생각의 쓰레기를 받아줄 정도로
상대방을 이해하고 배려한다는 것 아닌가?
생각의 쓰레기는 아무리 담아 둬도 삶의 거름이 되지 않는다.
그렇기 때문에 생각의 쓰레기는 당장 버리던지 잊던지 해야 한다.
나에게도 생각의 쓰레기를 허심탄회하게 나눌 수 있는
누군가가 있었으면 좋겠다.

매화는 일생동안 춥게 살아도 향기를 팔지 않는다

봄을 알리는 대표적인 꽃 중의 하나가 매화꽃이다.
매화는 꽃을 강조한 이름이고, 열매를 강조하면 매실나무이다.
4월에 잎보다 꽃이 먼저 피는 매화는 다른 나무보다 꽃이 일찍 핀다.
그래서 매실나무를 꽃의 우두머리를 의미하는 '화괴(花魁)'라고 한다.
옛 선비들이 매화나무를 좋아한 이유는
추운 날씨에도 굳은 기개로 피는 하얀 꽃과
은은하게 배어나는 매향(梅香) 때문이다.
퇴계 이황은 "매화 분재에 물을 주거라."라는 유언까지 했다고 한다.
- 네이버 지식백과에서 인용 -

동천년노항장곡 (桐千年老恒藏曲)
매일생한불매향 (梅一生寒不賣香)
월도천휴여본질 (月到千虧餘本質)
유경백별우신지 (柳經百別又新枝)

**오동나무는 천년이 되어도 항상 곡조를 간직하고 있고,
매화는 일생동안 춥게 살아도 향기를 팔지 않는다.
달은 천 번을 이지러져도 그 본질이 남아있고,
버드나무는 100번 꺾여도 새가지가 올라온다.**

조선시대 4대 문장가의 한 사람인 상촌(象村) 신흠(申欽)의 한시(漢詩)다.
매화는 선비의 기질을 가지고 있다.
아름다운 꽃과 은은한 매향(梅香)으로 사람들에게 기쁨을 주고,
열매인 매실로 먹거리까지 제공해주는 매화는 참 멋진 나무이다.
나도 매화처럼 나의 이웃들에게 기쁨을 주고, 유익이 되는 삶을 살고 싶다.
매화처럼 다른 자리를 탐하지 않고, 지금 내가 서 있는 자리에서
내가 피운 꽃을 보러 오든 오지 않든 나는 봄마다 매화꽃을 피우고 싶다.

춘풍추상(春風秋霜)

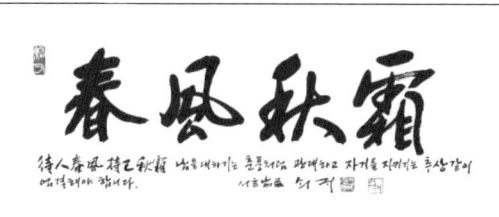

청와대 각 비서관실에는 문재인 대통령이
2018년 2월 5일 선물한 춘풍추상(春風秋霜) 액자가 걸려 있다고 한다.
춘풍추상은 채근담(菜根譚)에 나오는
'待人春風 持己秋霜'(대인춘풍 지기추상)의 줄인 말로
남을 대하기는 춘풍처럼 관대하고,
자기를 지키기는 추상같이 엄격해야 한다는 뜻이다.
김기식 금융감독원장은 사퇴해야 한다.
공직자는 자신에게 더 엄격해야 한다.
지금부터 잘하면 된다?
아니다.
당신은 결코 지금부터 잘 할 수 없다.
이미 금융감독원을 수렁에 빠뜨리고 있다.
자고로 '고스톱'을 잘해야 한다.
당신은 지금 당장 스톱해야 한다.
그렇지 않으면 국민이 스톱시킬 것이다.

김기식 전 금융감독원장이 사퇴하기 열흘 전 2018년 4월 17일
나의 Facebook에 올린 글이다.
문재인 정부와 여당은 春風秋霜의 의미를 결코 망각해서는 안 된다.
성경에도 같은 취지의 말씀이 있다.
春風秋霜은 공직자들뿐만 아니라 우리들의 삶에도 적용해야 한다.
늘 나를 먼저 돌아봐야 한다.

　어찌하여 형제의 눈 속에 있는 티는 보고
　네 눈 속에 있는 들보는 깨닫지 못하느냐
　- 마태복음 7장 3절 -

천상운집(千祥雲集)

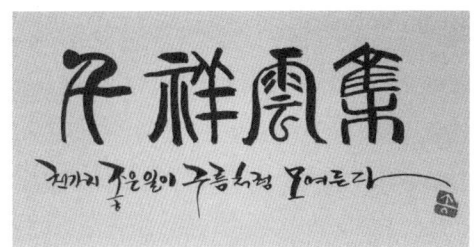

천상운집(千祥雲集) '천가지 좋은 일들이 구름처럼 모여라'
가랑비가 내리는 저녁 사단법인 민주시민정치아카데미 이사들이
김홍신 이사장님을 모시고 식사하는 곳에서
우리 일행이 앉은 벽에 걸린 액자 글이다.
그 글을 보는 것만으로도 반가운 벗을 만난 느낌이었다.
식당 주인이 오신 손님들에게 하고 싶은 말이고,
지인이 식당주인에게 하고 싶은 말이고,
손님들이 일행에게 하고 싶은 말일 것이다.

框里的螃蟹(kuànglǐdepángxiè) '광주리 속 게'라는 뜻이다.
중국인들이 중국사회를 가리켜 자주 쓰는 비유라고 한다.
광주리 속에 게를 한 마리만 넣어두면
집게가 있는 게는 쉽게 도망가지만,
게를 여러 마리 넣어두면 서로가 서로를 끄집어 내리기에 도망가지 못한다.
남 잘 되는 꼴을 보지 못하는 사회를 잘 표현하는 단어인 것 같다.
중국사회만 '광주리 속 게'일까?

우리사회도 도긴개긴(도찐개찐은 잘못된 표현)이다.
'사촌이 땅을 사면 배가 아프다'는 우리나라 속담도 있지 않은가?
밥 먹을 때만 천상운집을 염원하지 말고,
늘 서로가 서로에게 천상운집을 기원하고,
늘 서로가 서로에게 천상운집이 되도록
도와주는 더불어 사는 세상을 만들자.

새 계명을 너희에게 주노니 서로 사랑하라
내가 너희를 사랑한 것 같이 너희도 서로 사랑하라
- 요한복음 13장 34절 -

소자소사(小子小事)와 최 페치카

　2019년 발렌타인데이 날 서울은현교회 제직헌신예배에 나를 강사로 초청해주신 최은성 담임목사님을 같은 지역에 거주하는 김용일 전 서대문구의회 의원님과 함께 찾아뵈었다. 최은성 목사님은 마태복음 25장 40절 '너희가 여기 내 형제 중에 지극히 작은 자 하나에게 한 것이 곧 내게 한 것이니라'와 누가복음 16장 10절 '지극히 작은 것에 충성된 자는 큰 것에도 충성되고'라는 말씀을 실천하는 '小子小事'의 목회를 하고 계셨다.
　우선 담임목사실이 교회에서 가장 좋은 방이 아니라 가장 꼭대기 구석에 위치했다. 그렇지만, 그 방은 수많은 서적들이 쌓여있는 교수연구실 같았고, 예수님의 향기가 묻어나는 참 포근한 방이었다. 서울은현교회는 교회가 들어섬으로 인해 주변 집값이 하락되는 우려를 불식시키기 위해 교회를 건축할 때 주변에서 흔히 보는 교회 건물 형태가 아닌 교회 건물 같지 않은 건물을 지었지만, 오히려 건축문화예술 전문잡지인 '공간 Space'에 소개되고, 해외에서도 교회 건물을 탐방 오기도 했다고 한다. 십자가도 건물 외벽에 매립되어 있다. 심지어 교회 설립 초기에는 주변 작은 교회들을 위해 교회 이름까지도 표기하지 않아 조폭들이 "나이트클럽 언제 오픈하느냐?"면서 찾아온 적도 있었다고 한다. 또한 인근 주민들에게 주차장도 개방하고 있다. 아울러 최은성 목사님은 지난달 러시아 블라디보스톡 동부한인교회 부흥회에 갔다가 알게 된 러시아 항일 독립운동의 대부 최재형 선생을 소개해 주셨다. 아래 내용은 최은성 목사님의 2019년 2월 3일 주일 설교 내용 중 일부이다.
　최재형 선생은 노비였던 아버지와 기생이었던 어머니 사이에 태어났다. 가난과 멸시를 피해 연해주로 이주 했으나 거기서도 너무 배고파 먹을 것을 찾아 헤매다 추위와 굶주림으로 죽게 된 아홉 살의 어린 최재형을 무역선 선장인 '표트르 세묘노비치'가 발견하여 양자로 삼았다. 무역선 선장인 양아버지를 따라 6년간 여러 차례 세계를 일주하며 견문을 넓히고 무역을 배우게 되었다. 그는 탁월한 러시아어 구사능력과 뛰어난 사업수완으로 시베리아 철도 사업에 참여하여 고려인들을 대거 채용하여 철도공사를 성공적으로 마무리하였고, 그 공로로 러시아 황제를 알현하고 훈장을 받았으며 고려인 최초로 러시아 크라스키노의 군수(郡守)에 임명되었다. 그는 군수로 받은 연봉 전액으로 우수한 고려인 학생들을 모스크바에 유학시켜 인재를 양성하였다. 또한 1904년 러일전쟁으로 연해주에 주둔한 러시아 군대를 위한 군수사업에 뛰어들어 막대한 부를 축적하게 된다. 그는 이렇게 모은 엄청난 재산을 털어 고려인을 위해 32개의 학교를 세웠고, 가난과 차별에 시달리는 동포들의 정착과 자립에 힘쓰며, 대동공보(大東共報)를 발간하여 고려인들의 계몽과 항일사상을 고취하였고 또 항일 독립운동가들을 규합하여 최초의 독립군인 '동의회'를 조직하고 무장을 도와 봉오동 전투와 청산리 전투 승리에 크게 기여하였다.

안중근 의사가 하얼빈 역에서 이토 히로부미를 제거한 거사도 최재형의 지원으로 성공하게 되었고, 상해 임시정부의 재정장관에 임명되기도 하였다. 이렇듯 자신의 재산과 지위와 모든 것을 동포들의 교육, 자립, 자선과 조국의 독립을 위해 헌신했던 최재형은 1920년 연해주에 침입한 일본군에 의해 연해주 우수리스크 자택에서 체포되어 총살당하였는데, 당시 그의 나이 60세였다. 그는 러시아 한인사회의 제일의 인물이요, 시베리아 동포의 큰 은인으로 추앙되어 당시 연해주 일대에 사는 한인들은 하나같이 집집마다 최재형의 사진을 걸어놓았으며, 고려인들은 그를 따뜻한 난로, 태양 같은 사람이라 하여 최 페치카라고 불렀다.

노비와 기생의 아들로 태어나 얼어 죽고 굶어죽을 최재형이 따듯하고 인자한 러시아 선장의 양자가 되어 최 표트르 세묘노비치의 새로운 인생을 살게 되었다. 그는 자기가 받은 은혜와 사랑을 누리는데 그치지 아니하고, 아직도

가난과 압제에 종노릇하는 동포들과 조국을 위해 자신의 모든 것을 다 바치는 위대한 삶을 살았다. 사람들은 더 이상 그를 노비와 기생의 아들 최재형이 아닌, 러시아인 최 표트르 세묘노비치도 아닌, 동토의 시베리아 땅에 따스한 태양과 난로 같은 최 페치카로 칭송하며 기억한다.

부끄럽게도 나는 오늘 목사님을 통해 처음으로 최재형 선생 존함을 들었다. 더군다나 오늘은 안중근 의사가 총살형을 당한 날이자 일본인들이 상술 때문에 만들어진 발렌타인데이이다. 동토(凍土)의 '따뜻한 난로' 같은 삶을 산 최재형 선생은 온유하고 겸손한 성품을 지닌 예수님을 닮은 분이었다. 나는 과연 예수님을 믿는 티가 나는가? 참 부끄럽다.

최은성 목사님 방을 나서는데, 문 앞에 '위대한 사람일수록 평범한 하루를 충실하게 보낸다'는 에머슨의 말이 붙어 있었다. 오늘부터라도 하루를 충실하게 보내자. 오늘부터라도 주님의 제자로 이 차갑고 이기적인 세상에서 따뜻한 난로 같은 사람이 되도록 마음을 다하고 뜻을 다하자. 그렇게 하루하루 小子小事의 삶을 살자.

러시아 추위보다 나라를 잃은 나의 심장이 더 차갑다
- 최재형 선생 -

낙지생근 소재치성(落地生根 所在致誠)

**떨어진 곳에서 뿌리를 내리고,
있는 곳에서 최선을 다한다.**

어느 교수님이 페이스북에 올린 글이다.
오늘 만난 코스모스를 보면서 떠오른 단어가
'落地生根 所在致誠'이다.
코스모스는 때가 되어 그 자리에서 꽃을 피웠을 뿐인데,
그것을 본 나는 참 행복했다.
나는 이 땅에서 어떤 꽃을 피울 수 있을까?
나도 오늘 만난 그 코스모스처럼
나의 이웃에게 웃음을 주고 싶다.
코스모스처럼 태양빛과 비와 바람만으로
만족하는 삶을 살고 싶다.

자리를 탓하지 않고,
심겨진 자리에서 마음을 다하여 아름다운 꽃을 피우고 싶다.
질 때 지더라도 ...

행복은 누가 주는 것이 아니라, 스스로 찾는 것이다.
- 도스토예프스키*(Dostoevskii)* -

제2편 삶을 아름답게 하는 것들

사랑 그리고 미움

사랑할 때는
내 그림자도 데리고 가야한다
미워할 때는
내 그림자만 보내야한다
햇살과 함께

김홍신 선생님의 참 아름다운 시다.
사랑할 때는 그림자까지도 사랑하고,
미워할 때는 그림자만 미워해야 한다.
아무리 미워도 햇살은 함께 보내야 한다.
미움은 또 다른 사랑이기 때문이다.
사랑도 미움도 예쁘디 예쁘게 해야 한다.
우리에겐 사랑만하기도 부족한 시간만 남았다.
미움은 적게 하고, 사랑은 많이 하자.
우리 그냥 사랑하다가 죽자.
오늘 아침 햇살이 참 좋다.

아버지가 된 날

이제야 아버지가 된 것 같다.
딸과 아들이 서른이 넘고
내가 예순이 지난 지금에야
아버지가 된 것 같다.
그동안 나는 하나씩 배우면서
아버지가 되고 있었다.

권위나 능력보다
따뜻한 눈빛, 부드러운 말,
밝은 웃음이 더 소중하다는 것을 배웠다.

잘 사는 것은
소유나 지식의 높음이 아니라
마음의 낮음과
생각의 깊음인 것을 배웠다.

아이들은 내 말을 듣기보다
내 삶을 보면서
세상을 알아가고
인생을 사랑해 간다는 것을 배웠다.

아이들의 몸은 빨리 자라도

마음은 느리게 자라므로
자기를 알고 자신을 넘어설 때까지
기다려야 한다는 것을 배웠다.

아버지가 된 날
나는 평범한 사람이 되었다.

정용철 선생의 '아버지가 된 날'이라는 시다.
시인의 말대로라면 나는 아버지가 되려면 한 참 멀었다.
내가 그동안 나의 딸, 아들에게 했던
언행을 돌이켜보면 '후회막심'이다.
내가 임의로 정해놓은 잣대를 가지고,
그 잣대에 어긋나면 나무라고, 야단쳤다.
나와 아내가 바라는 것만 이야기했고,
아이들이 자신들의 꿈을 이야기할 때는
응원해주기 보다는 막았다.
따뜻한 눈빛과 부드러운 말 대신

엄한 아버지가 올바른 아버지상인양 행동했다.
흠투성인 나의 모습은 놔두고,
어린 아이들의 흠만 지적하기에 바빴다.
아이들에게 야단칠 줄만 알았지
사랑한다는 말은 거의 하지 않았다.
미안하고 미안한 마음뿐이다.
아이들을 양육하는 것은 식물 키우는 것과 다름없다.
식물을 키우는 방법은 딱 한 가지다.
적당히 물을 주고, 기다리는 것이다.
아이들이 잘 성장하도록 교육하는 것 외에
꼭 필요한 것이 '기다림'이다.
기다리고 기다려주자.
그리고 "나도 아빠처럼 살고 싶어요."라는
말을 듣는 것이 자녀 양육의 ABC 아닐까?
그래도 요새 나의 딸이
"아빠, 사랑해요."라는 말을 가끔 한다.
진짜 아버지가 되기도 전에
행복은 그렇게 딸의 입을 통해 나에게 다가왔다.

당신의 오늘을 잘 살라

어느 벽보판 앞
현상수배범 전단지 사진 속에
내 얼굴이 있었다
안경을 끼고 입꼬리가 축 처진 게
영락없이 내 얼굴이었다
내가 무슨 대죄를 지어
나도 모르게 수배되고 있는지 몰라
벽보판 앞을 평생을 서성이다가
마침내 알았다
당신을 사랑하지 않은 죄
당신을 사랑하지 않고
늙어버린 죄

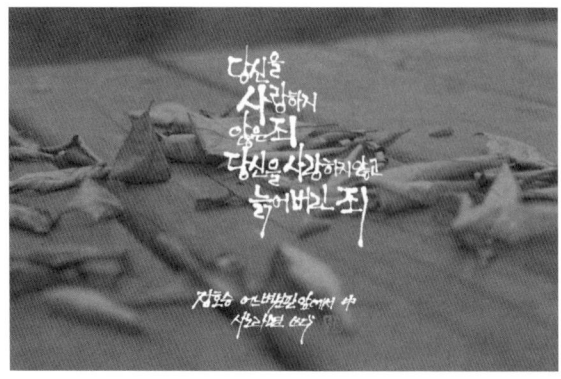

이수교회 박정수 담임목사님 설교말씀(주제 : 당신의 오늘을 잘 살라) 중에 소개한 정호승 시인의 '어느 벽보판 앞에서'라는 시다. 나의 삶을 미리 이야기하는 것 같아 갑자기 가슴이 울컥했다. 육신의 정욕, 안목의 정욕, 이생의 자랑 속에서 사는 나의 삶을 꾸짖는 것 같아서 뜨끔했다. 하나님이 이 시를 통해 무늬만 크리스천으로 살지 말고, 진짜 크리스천으로 살라고 명령하시는 것 같아 마음에 찔림이 있었다. 지금부터라도 예수님처럼 하나님을 사랑하고, 가족을 사랑하고, 이웃을 사랑하라고 충고하는 것 같아 다행이다라는 마음도 들었다. 짧은 시가 나에게 이렇게 많은 이야기를 하고 있다는 것이 신기했다.

박정수 담임목사님이 극동방송에서 들으셨다는 "늙어가는 것은 쉽지만 아름답게 늙는 것은 어렵다."는 말씀에 공감하고 공감한다. 나는 20대부터 올해 52세까지 꿈은 늘 같다. 몸도 마음도 건강한 할아버지가 되는 것이다. 정말 아름답게 늙고 싶다.

우리에게 내일이란 보장되어 있지 않다. 오늘을 잘 살자. 오늘 행복하게 살고, 내일은 내일 행복하게 잘 살면 된다. 마태복음 6장 34절 말씀대로, 내일 일은 내일이 염려하게 하자. 내가 서 있는 자리에서 무슨 일이든 감사함으로 기쁨으로 하루하루를 잘 살자.

나의 행복이 모두의 행복이 되길 바랍니다

문재인 대통령이 2018년 성탄절 아침
발표한 성탄절 메시지로 박노해 시인의 '그 겨울의 시'를 인용했다.

성탄절 아침, 우리 마음에 담긴
예수님의 따뜻함을 생각합니다.

"문풍지 우는 겨울밤이면
할머니는 이불 속에서
혼잣말로 중얼거리시네

오늘 밤 장터의 거지들은 괜찮을랑가
뒷산에 노루 토끼들은 굶어 죽지 않을랑가

아 나는 지상에서 가장 아름다운
시낭송을 들으며 잠이 들곤 했었네"
- 박노해 '그 겨울의 시' 중 -

애틋한 할머니의 마음이
예수님의 마음입니다.
나의 행복이 모두의 행복이 되길 바랍니다.
2018년 12월 25일
대한민국 대통령 문재인

문재인 대통령이 인용한 '그 겨울의 시' 전문은 다음과 같다.

그 겨울의 시
문풍지 우는 겨울밤이면
윗목 물그릇에 살얼음이 어는데
할머니는 이불 속에서
어린 나를 품어 안고
몇 번이고 혼잣말로 중얼거리시네

오늘 밤 장터의 거지들은 괜찮을랑가
소금창고 옆 문둥이는 얼어 죽지 않을랑가
뒷산에 노루 토끼들은 굶어 죽지 않을랑가

아 나는 지상에서 가장 아름다운
시낭송을 들으며 잠이 들곤 했었네

찬바람아 잠들어라
해야 해야 어서 떠라

한겨울 얇은 이불에도 추운 줄 모르고
왠지 슬픈 노래 속에 눈물을 훔치다가
눈산의 새끼노루처럼 잠이 들곤 했었네

위 시는 박노해 시인의 시집 《그러니 그대 사라지지 말아라》에 실린 시다.

문재인 대통령 성탄절 메시지처럼, 나 혼자의 몸도 건사하기 힘든 세상에서 장터 거지들의 삶까지 걱정하는 할머니 마음이 곧 예수님의 마음일 것이다. 오늘은 그 예수님이 이 땅에 오신 날이다. 방금 성탄절 아침인 것 같더니 벌써 성탄절 저녁이다. 예수님이 이 땅에 오신 이유는 나와 우리들을 구원하기 위해서임을 믿는다. 예수님은 제자들에게 이렇게 가르치셨다.

새 계명을 너희에게 주노니 서로 사랑하라
내가 너희를 사랑한 것 같이 너희도 서로 사랑하라
- 요한복음 13장 34절 -

    사랑과 행복을 이야기하는 성탄절 저녁, 나의 머릿속에는 위중한 상태로 병상에 누워 계시는 장인어른과 치매로 요양병원에 계시는 아버지 생각으로 가득 차 있다. 두 분 아버지는 나를 한 없이 사랑해 주셨는데, 나는 그 사랑을 받기만 하고, 이렇게 생각만 하고 있다. 달리 방법도 없다. 어찌할 수 없을 정도로 병든 장인어른의 마지막 뒷모습을 붙잡고 있는 아내의 모습이 참 애처롭다. 그냥 마음이 아프다. 하나님이 하나님의 때에 하나님의 방법으로 두 분 아버지의 삶을 이끌어 주실 것으로 믿는다.
    이 밤, 돌아가신 할머니가 보고 싶다.
    해야 해야 어서 떠라!!

오늘은 모든 사람이 꽃이다

웃어도 예쁘고
웃지 않아도 예쁘고
눈을 감아도 예쁘다

오늘은 네가 꽃이다

나태주 시인의 '오늘의 꽃'이라는 시다.
2019년 설날 아침 만난 참 아름다운 시다.
나이 들어 늙었지만,
오늘은 나의 부모가 꽃이다.
세상풍파 속에서 고생하지만,
오늘은 나의 형제자매가 꽃이다.
나도 나이 들었나 보다.
오늘은 나의 마음속에 있는
모든 사람이 꽃이다.
참 예쁘고
보고 싶은 꽃.
새해 하나님의 복 많이 받으소서.
나의 소중한 꽃들이여!

멀리 가는 물

어떤 강물이든 처음엔 맑은 마음
가벼운 걸음으로 산골짝을 나선다
사람 사는 세상을 향해 가는 물줄기는
그러나 세상 속을 지나면서
흐린 손으로 옆에 서는 물과도 만나야 한다
이미 더럽혀진 물이나
썩을 대로 썩은 물과도 만나야 한다
이 세상 그런 여러 물과 만나며
그만 거기 멈추어 버리는 물은 얼마나 많은가
제 몸도 버리고 마음도 삭은 채
길을 잃은 물들은 얼마나 많은가
그러나 다시 제 모습으로 돌아오는 물을 보라
흐린 것들까지 흐리지 않게
만들어 데리고 가는 물을 보라
결국 다시 맑아지며 먼 길을 가지 않는가
때 묻은 많은 것들과 함께 섞여 흐르지만
본래의 제 심성을 다 이지러뜨리지 않으며
제 얼굴 제 마음을 잃지 않으며
멀리 가는 물이 있지 않는가

《문재인의 운명》이라는 책 서문에서 인용한 도종환의 시다.
흐린 것들까지 흐리지 않게 만들어 데리고 가는 물처럼 살자.

때 묻은 많은 것들과 함께 섞여 흐르지만,
본래의 제 마음을 잃지 않은 물이 되자.
문재인 대통령 바람대로,
이 땅의 모든 사람들이 그랬으면 좋겠다.
결국은 강물이 되어 다시 만나고,
역사의 큰 물줄기를 이뤄 함께 흘렀으면 좋겠다.
그렇게 하려면 내 마음의 물이 맑고, 많아야 한다.
하루 뙤약볕에 말라 버리는 작은 물은 되지 말자.
나의 이웃을 위해 썩은 물은 되지 말자.
5월 26일 두번째 남북 정상회담이 열렸다.
5월 24일 트럼프 미국대통령이
6월 12일 북미회담을 취소한다는 서한을
김정은 북한 국무위원장에게 발송한 지
이틀 만에 이루어졌다는 점에서 의미가 깊다.
미국, 중국, 러시아, 일본 주변 강대국들은
결코 남북한의 통일을 바라지 않을 것이다.
남북한이 지혜와 뜻을 모아야 하는 이유이다.
북한을 전적으로 믿어서도 안 되겠지만,
북한을 무찔러야할 적으로만 생각해서도 안 될 것이다.
남북한 국민 모두가 '멀리가는 물'이 되자.
우리 함께 더불어 사는 아름다운 한반도를 만들어 가자.
그것은 우리들이 기꺼이 감당해야 할
우리 모두의 운명이다.

인생이란

인생이란 꼭 이해해야 할 필요는 없는 것,
그냥 내버려두면 축제가 될 터이니,
길을 걸어가는 아이가 바람이 불 때마다 날려 오는
꽃잎들의 선물을 받아들이듯이

하루하루가 네게 그렇게 되도록 하라.
꽃잎들을 모아 간직해두는 일 따위에
아이는 아랑곳 하지 않는다.
제 머리카락 속으로 기꺼이 날아 들어온
꽃잎들을 아이는 살며시 떼어내고,
사랑스런 젊은 시절을 향해
더욱 새로운 꽃잎을 달라 두 손을 내민다.

ⓒ 독고광일, 내가 처음 본 바다

라이너 마리아 릴케(Rainer Maria Rilke)의 '인생이란' 시다.

인생을 어떻게 살아야 할지를 가르쳐 주는 인생살이 지침서 같다.
어렸을 때 구슬과 딱지를 많이 모으는 것이 행복일 때가 있었다.
그런데 어른이 되어서도 '변형된' 구슬과 딱지를 모으는데
온 마음과 정성을 다 하고 있다.
위 시에 등장하는 아이처럼 꽃잎들을 모아 간직하는 것에
아랑곳 하지 않을 때가 언제 올까?
인생이란 무엇일까?
인생이란 죽음으로 가는 여행길이다.
사람은 누구나 죽는다.
죽음으로 가는 여행길에서 만나는 사람들과 함께
하루하루 즐겁게 여행하는 마음으로 살자.
긴 여행을 하다 보면
비도 맞고, 눈도 맞고, 바람도 만날 것이다.
심지어 태풍도 만날 것이다.
그러나 그런 것들을 두려워해서는 안 된다.
모두 언젠가는 그칠 것이다.
인생의 봄여름가을겨울도 만날 것이다.
너무 덥다고 또 너무 춥다고 고통스러워 할 필요도 없다.
더우면 물놀이 하면서 즐기고,
추우면 스키 타며 즐기면 된다.
그 또한 지나갈 것이다.
인생의 사막을 만나고,
넘기 힘든 큰 산을 만날 수도 있다.
그 때도 절망하지 마라.
가다가 힘들면 쉬었다 가고,

산을 넘다가 힘들면 다시 내려오면 온다.
모든 사람이 산 정상까지 오를 필요는 없지 않은가?
쉬었다가 다시 도전하면 된다.
한번 실패했다고 해서 결코 주저앉지 마라.
포기는 배추 썰 때나 쓰는 단어다.
인생여정에서 포기라는 단어는 잊고 살자.
땅만 보지 말고, 고개 들어 하늘도 보고 살자.
푸른 하늘이 너무 멋지지 않은가?
밤하늘의 별들이 너무 아름답지 않은가?
인생은 소풍가는 마음으로 살아야 한다.
오늘은 나의 남은 인생의 첫날이다.
감사한 마음으로 오늘을 여행하자.
오늘 누구를 만나게 될지 기대된다.
오늘 만나게 될 그 누구를 마음껏 축복해주자.
물 한 모금도 나눠 먹자.
여행은 그렇게 함께 해야 더 즐겁다.
우리 그렇게 더불어 살아가자.

희망은 반드시 절망과 함께 있다

끝은 곧 시작을 의미하듯이
절망은 희망을 의미합니다.
희망을 품고 있는 것은
이상적인 상황이 아니라
절망적인 상황이기 때문입니다.
절망만이 희망을 낳기에
절망도 귀중히 여겨야 합니다.
희망은 반드시 절망과 함께 있습니다.
- 탁영철 목사 글 -

ⓒ 주철광, 나의 시선 우리의 풍경

재산 보다는 희망을 욕심내자.
어떠한 일이 있어도 희망은 포기하지 말자.
당신과 나의 희망을 응원한다.
당신과 나의 멋진 삶을 기대한다.

2019년을 보내며

또 한해가 가 버린다고
한탄하며 우울해하기보다는
아직 남아 있는 시간들을 고마워하는
마음을 지니게 해 주십시오

한 해 동안 받은
우정과 사랑의 선물들
저를 힘들게 했던 슬픔까지도
선한 마음으로 봉헌하며
솔방울 그려진 감사카드 한 장
사랑하는 이들에게 띄우고 싶은 12월

이제, 또 살아야지요
해야 할 일들 곧잘 미루고
작은 약속을 소홀히 하며
나에게 마음 닫아걸었던
한 해의 잘못을 뉘우치며
겸손히 길을 가야합니다

같은 잘못을 되풀이 하는 제가
올해도 밉지만
후회는 깊이 하지 않으렵니다

진정 오늘밖엔 없는 것처럼
시간을 아껴 쓰고
모든 이를 용서하면
그것 자체로 행복할 텐데 …
이런 행복까지도 미루고 사는

저의 어리석음을 용서 하십시오
보고 듣고 말할 것
너무 많아 멀미 나는 세상에서
항상 깨어 살기 쉽지 않지만
눈은 순결하게
마음은 맑게 지니도록
고독해도 빛나는 노력을
계속하게 해 주십시오

12월엔 묵은 달력을 떼어내고
새 달력을 준비하며
조용히 말하렵니다

가라, 옛날이여
오라, 새날이여
나를 키우는 데 모두가 필요한
고마운 시간들이여 …

이해인 수녀님의 '12월의 엽서'라는 아름다운 송년 시다.

시 속에 1년이라는 시간이 다 담겨 있다.
시를 읽다보니 1년이 후욱 지난 것 같다.
수녀님 시구(詩句)대로, 아직 남아 있는 시간에 감사하자.
엊그제 1월 1일이었는데, 벌써 2019년이 나흘밖에 남지 않았다.
그동안 무엇을 했는지 기억조차 가물가물하다.
육신의 정욕과 안목의 정욕과 이생의 자랑 속에서 허우적거렸다.
그렇지만, 지나간 그 시간은 이미 내 인생의 일부가 되어 버렸다.
2019년 남은 시간을 모두 행복으로 채울 수 없을 지라도
오늘 이 시간만큼은 행복으로 채우고 싶다.
그 오늘들이 모여
나의 추억이 되고,
나의 그리움이 되고,
나의 행복한 인생이 될 테니까 …

ⓒ 이희규, 두물머리.

우리가 서로 사랑한다는 것

아침이면 태양을 볼 수 있고
저녁이면 별을 볼 수 있는
나는 행복합니다.
잠이 들면 다음 날 아침 깨어날 수 있는
나는 행복합니다.
꽃이랑 보고 싶은 사람을 볼 수 있는 눈,
아기의 옹알거림과 자연의 모든 소리를
들을 수 있는 귀,
사랑하는 말을 할 수 있는 입,
기쁨과 슬픔과 사랑을 느낄 수 있고
남의 아픔을 같이 아파해 줄 수 있는
가슴을 가진 나는 행복합니다.

김수환 추기경님의 《바보가 바보들에게 첫 번째 이야기》에 실린 글이다. 오늘 아침 출근길에 본 하늘은 가을하늘처럼 참 예뻤다. 그 하늘을 볼 수 있다는 것이 감사했다. 내가 걸어서 출근할 수 있고, 일할 수 있는 일터가 있는 것도 감사했다.

나를 사랑해주는 아내, 올해 대학생이 되는 딸과 고3 수험생이 되는 아들, 내 곁에 있는 가족들과 법무법인 서호 식구들,

내가 섬기는 이수교회 성도님들, 나의 친구들과 이웃들 …
모두 감사했다.
김수환 추기경님의 위 책을 읽다가
지난해 장인어른을 하늘나라로 보내드린 장모님께 전화드렸다.
추기경님 말씀대로,
'오래 사는 것' 보다 '기쁘게 잘 사는 것'이 더 소중한 것 같다고 …
올해 내 나이 52세.
지금까지 살아온 날보다 앞으로 살아갈 날이 적게 남은 것 같다.
오늘 하루 기쁘게 잘 살자.
우리에게 내일이 주어진다면, 내일은 내일 기쁘게 잘 살면 된다.
가끔은 하늘도 보면서 …

일이 아닌 기쁨으로

지금 하는 일 많이 힘드세요?
그렇다면 당신은 운이 좋은 편입니다.
정말 견디기 힘든 일은
아무 일도 하지 않는 일입니다.

카피라이터 정철의 '운'이라는 글이다.
지금 내가 할 수 있는 일이 있다는 것이 얼마나 감사한 일인가?
난 참 운이 좋은 사람이다.
오늘은 제66보병사단으로 '군대 인권과 행복한 동행' 강의하러 간다.
오늘 내가 할 강의는 '일'이 아니라 '기쁨'이다.
내가 하는 모든 일이 기쁨이 될 수는 없겠지만,
오늘 하루 온전히 기쁨으로 가득으로 채우고 싶다.

항상 기뻐하라
쉬지 말고 기도하라
범사에 감사하라
이것이 그리스도 예수 안에서 너희를 향하신 하나님의 뜻이니라
- 데살로니가전서 5장 16~18절 -

어느 날 결심한 세 가지

첫째, 행복이 찾아오면 최선을 다해 누리기.
이 행복이 언제 끝날까 미리 두려워하지 않기.
아낀다고 더 오래 누릴 수 있는 건 아니니까.

둘째, 버리는 일에 익숙해지기.
불필요한 것을 버리는 일은 소중한 것을 남기는 일과 같으니까.
물건도, 감정도, 생각도 그렇게 버리고 남기기.

셋째, 누군가 내게 시간을 할애하면 그걸 감사히 여기기.
사람이 사람에게 줄 수 있는 가장 좋은 선물은 시간이니까.
곁에 앉은 사람과 좋은 순간을 나누기.

오늘 아침 페이스북에서 만난 하람의 글이다.
행복한 인생으로 안내하는 글이다.
행복은 저축하는 것이 아니라 지금 당장 누려야 한다.
오늘 행복해야 내일도 행복할 수 있다.
내일의 행복을 위해 오늘의 행복을 희생시키지 말자.
홀로 행복을 얻기란 무척 어렵다.
나 때문에 행복한 것이 아니라 너 때문에 행복한 것이다.
내 곁에 있는 사람에게 마음을 다하여 주께 하듯 해야 하는 이유는
그것이 곧 내가 행복해지는 첩경이기 때문이다.
그렇게 행복은 주고받는 것이다.

고난을 극복한 사람과 고난에 굴복한 사람

절벽 가까이로 나를 부르시기에 다가갔습니다.
절벽 끝으로 가까이 오라고 하셔서 더 다가갔습니다.
절벽에 겨우 발붙여 선 나를 절벽 아래로 밀어 버리셨습니다.
그 절벽 아래로 나는 떨어졌습니다.
그때서야 나는 내가 날 수 있다는 사실을 알았습니다.

싱글맘을 섬기는 다비다자매회 회장 김혜란 목사님의 행복캠프 특강에서 언급된 로버트 슐러 목사님(Robert Schuller) 글이다. 고난은 변형된 축복이라고 하는데, 고난은 고난일뿐이라고 느껴지는 경우가 많다. 너무 힘드니까 … 이 세상의 사람들을 크게 둘로 나눈다면 고난을 극복한 사람과 고난에 굴복한 사람으로 나눌 수 있다. 나는 전자인가 후자인가? 사람은 아픈 만큼 성숙하게 되어 있다.

나는 지금 재수를 하고 있는 딸의 모습을 보면서 많은 은혜를 받고 있다. 작년에 고3 수험생활을 한 딸도 많이 힘들었겠지만, 부모인 아내와 나도 참 힘든 시간이었다. 지금은 매일 아침 말씀묵상으로 하루를 시작하는 딸의 모습을 보면서 그리고 감사한 마음으로 최선을 다하겠다고 다짐하는 딸의 모습을 보면서 작년에 절망했던 수많은 시간들이 주마등(走馬燈)처럼 지나간다. 나의 믿음이 많이 부족했다. 아무리 긴 폭염도 끝나게 되어 있고, 가을은 오게 되어 있다. 오늘 전국 단위로 모의고사를 보는 날이다. 딸이 모의고사를 잘 보든, 못 보든 씩씩하게 재수생활을 잘 해나가리라. 창공을 향해 힘차게 날아가리라. 하나님이 모세를 미디안 광야에서 40년간 훈련시킨 것은 40년 동안 이스라엘 백성들을 광야에서 인도하기 위함이었듯이 딸에게 큰 고난의 시간을 준 것은 남은 생애 하나님의 백성으로 살아갈 힘을 주시기 위함이었음을 믿는다. 다 하나님의 은혜이다. 내 딸의 이름도 은혜이다. 김은혜(金恩惠).

일하라 성공의 지름길이다.
사고하라 힘의 근원이다.
운동하라 젊음의 비결이다.
독서하라 지혜의 근본이다.
친절하라 행복의 첩경이다.
꿈을 꾸라 성공의 길잡이다.
사랑하라 삶의 가장 큰 기틀이다.
웃어라 영혼의 음악이다.
- 로버트 슐러《긍정의 삶》중에서 -

주여 이 죄인이

북상하는 태풍 '콩레이' 때문에 아침부터 비가 내린다. 1986년 대학입학 학력고사 보는 날이었다. 나는 당시 광주광역시 광천동에 있던 송원여고에서 학력고사를 봤는데, 학력고사를 마치고 그 송원여고에서부터 집이 있는 주월동까지 걸어갔었다. 상당히 먼 거리이다. 물론 시험을 잘 못 봐서 걸어갔을 것이다. 그렇게 먼 거리를 걸어가면서 내가 계속 불렀던 노래가 '주여 이 죄인이'라는 복음성가이다.

나의 할머니는 신(神)을 받으신 분이셨고, 당시 우리 집 안에서 하나님을 믿는 분은 작은 어머님밖에 안 계셨다. 나는 고등학교 다닐 때만 해도 교회를 다니지 않았었고, 중학교 동창 한창용 권유로 얼떨결에 내 모교인 광주일고 옆 광주은광교회에서 딱 한 번 예배드린 것이 전부였다.

그런데 무슨 이유에서인지 노래 부르기를 좋아하지도 않던 내가 고등학교 3학년 같은 반이었던 목사님 아들(이름도 기억 안 난다)로부터 그 복음성가를 배우고, 당시 교회조차 다니지 않던 내가 그 복음성가를 집에 갈 때까지 계속 불렀던 것이다. 지금 생각해도 신기하다. 그 복음성가를 오늘 아침 딸 재수학원 태워다 주면서 다시 불렀고, 사무실 출근하는 길에서도 계속 불렀다. 그렇게 그 복음성가를 부르는 것만으로 참 행복했고, 자꾸 눈물이 났다. 나의 남은 생애 그 노래가사대로 살아가길 소망한다.

> 세상에서 방황할 때 나 주님을 몰랐네
> 내 맘대로 고집하며 온갖 죄를 저질렀네
> 예수여 이 죄인도 용서 받으수 있나요
> 벌레만도 못한 내가 용서 받을 수 있나요

많은 사람 찾아와서 나의 친구가 되어도
병든 몸과 상한 마음 위로 받지 못했다오
예수여 이 죄인을 불쌍히 여겨 주소서
의지할 곳 없는 이 몸 위로 받기 원합니다

이 죄인의 애통함을 예수께서 들으셨네
못자국난 사랑의 손 나를 어루만지셨네
내 주여 이 죄인이 다시 눈물 흘립니다
오 내 주여 나 이제는 아무 걱정 없습니다

내 모든 죄 무거운 짐 이제는 모두 다 벗었네
우리 주님 예수께서 나와 함께 계신다오
내 주여 이 죄인이 무한감사 드립니다
나의 몸과 영혼까지 주를 위해 바칩니다

오늘을 위한 기도

잃어버린 것들에 애달파하지 않으며
살아있는 것들에 연연하지 않으며
살아가는 일에 탐욕하지 않으며
나의 나됨 버리고 오직 주님 내 안에
살아있는 오늘이 되게 하옵소서
가난해도 비굴하지 않으며
부요해도 오만하지 않으며
모두 나를 떠나도 외로워하지 않으며
억울한 일 당해도 원통하지 않으며
소중한 것 상실해도 절망하지 않으며
오늘 살아있음에 감사하게 하소서

오늘 아침 장모님이 가족 카톡방에 올려주신
'오늘을 위한 기도'라는 복음성가 가사이다.
노래를 듣고 있으니, 저절로 눈물이 나온다.
하나님이 "이 노래가사대로 살라"고 하시는 것 같다.
오늘 살아있음에 감사하며,
오늘 나머지 시간도 감사함으로 가득 채우리라.

영화 '1987'

주말 저녁 아내가 학회 때문에 집을 비운 사이 마음껏 TV 시청권을 행사했다. TV 채널을 돌리다가 우연히 채널 OCN에서 하는 영화 '1987'를 봤다. 새벽 2시 15분 영화가 끝날 때까지 나는 TV 화면에서 눈을 뗄 수가 없었다.

나는 1980년 광주항쟁 때는 13살 초등학교 6학년이었고, 박종철 열사가 1987.1.14. 남영동 대공분실에서 고문으로 죽고, 이한열 열사가 1987.6.10. <박종철 고문살인 은폐조작 규탄 및 민주헌법쟁취 국민대회> 하루 앞두고 열린 <6.10. 대회 출정을 위한 연세대 결의 대회>에서 전경이 쏜 최루탄에 머리를 맞아 죽은 그 1987년, 나는 전남대 법대 1학년이었다. 전남대 법대는 정문에서 가장 가까운 곳에 있기 때문에 1987년 나는 최루탄 속에서 대학 1학년을 보냈다. 심지어 최루탄이 강의실 안에서도 터졌을 정도였다. 그런데, 나는 부끄럽게도 그 때 "호헌철폐, 독재타도"를 외치지 못했다.

2017. 12. 27. 영화 '1987'이 개봉되어 대한민국 국민 723만 명이나 본 그 영화를 나는 미안해서 영화관을 찾지 못했다. 지금의 대한민국은 남영동 분실에서 무고한 사람을 고문해서 빨갱이로 만든 그들이 지킨 것이 아니라 "호헌철폐, 독재타도"를 외친 그 대한민국 국민들이 지킨 것이다.

내가 대학 3학년 재학시절 법대 학생회장 선거 때 운동권 후보와 비운동권 후보가 경합하고 있었다. 당시 운동권 후보 러닝 메이트인 부학생회장 후보가 중간에 사퇴하자, 고시반에서 공부만 하던 내가 그 사퇴한 후보 대신 부학생

회장 후보로 출마하였다. 우여곡절 끝에 내가 부학생회장에 당선되어(법대 대강당에서 선거 유세할 때 나를 무척 아껴주셨던 정환담 민법교수님과 박인수 헌법교수님이 염려되셨는지 내 유세를 들으러 오시기도 했었다) 대학 4학년이 되어서야 철이 들어 시위에 참가하여 시위를 막던 전경들을 향해 짱돌을 던졌던 것도 1987년 대다수 국민들이 외쳤던 "호헌철폐, 독재타도"를 함께 외치지 못하고 학교 독서실에 있었던 것에 대한 미안함 때문이었다.

극중 87학번 대학생 연희 역의 김태리는 이한열 역의 강동원에게 "그런다고 세상이 바뀌어요?"라고 말한다. 그런데, 그런다고 세상이 바뀌었다. 그들의 선택이 세상을 바꾼 것이다.

영화 '궁합'

제99주년 3·1절에 사랑하는 딸과 함께 단 둘이 영화 '궁합'을 봤다. 한 마디로 참 재미있는 영화이다. 영화가 그리 복잡하지도 않고, 중간 중간에 반전이 있는 영화이기에 영화 스토리를 전혀 보지 않고 보는 것이 더 재미있을 것 같다. 송화옹주 역을 맡은 심은경과 조선 최고의 역술가 서도윤 감찰 역을 맡은 이승기의 상큼한 사랑이야기이다. 심은경이 아버지 영조에게 한 대사가 이 영화의 주제이다.

인생에서 사랑을 빼면 무엇이 있겠습니까?

사랑은 비를 맞고 뛰어가는 것이고,
사랑은 비를 막아 주는 것이고,
사랑은 "보고 싶다"고 말하는 것이고,
사랑은 모든 것을 내려놓고,
상대방의 존재 자체를 사랑하는 것이다.
내가 여성 호르몬이 많이 나오는 나이라서 그런지
영화 마지막 부분에서는 눈물까지 났다.
꼭 궁합 보세요~

영화 '바울'

사랑하는 딸이 수능 보는 날 오전 아내와 함께 영화 '바울'을 봤다. 영화 상영관을 찾기도 어렵고, 상영시간 맞추기도 어렵고, 순수 기독교 영화임에도 불구하고, 2018. 10. 31. 개봉한 지 20일 만에 17만 명이나 봤고, 평점도 9.54점으로 매우 높다.

아내가 영화를 보고 내뱉은 첫마디가 "슬프다"이다. 나는 그 마음(영화관 여기저기서 훌쩍이는 소리가 들렸다) 보다는 복음 전파를 위해 목숨을 내놓았던 바울과 죽음을 감수하고 믿음을 지키면서 이름 없이 죽어간 로마 크리스천들의 삶이 위대해 보였다. 또한 내가 너무 편하게 신앙생활을 하고 있음에 너무 미안했고, 한편으로는 참 감사했다.

이 영화는 바울을 미화하거나 예수 그리스도의 기적을 보여주는 영화가 아니다. 당시 있었던 사실을 사실 그대로 그린 영화이다. 예수 그리스도가 부활한 지 약 30년 후인 AD 67년, 로마제국의 황제 네로는 자신의 광기로 일어난 로마 시내의 대화재를 크리스천들이 저질렀다고 누명을 씌어 크리스천들을 길가에 매달은 채 불에 태워 거리의 가로등으로 희생시키거나 짐승들의 먹이가 되게 한다. 그리고 그들의 리더인 바울은 네로에 의해 지하 감옥에 갇혀 사형될 날만을 기다리고 있다.

그런 상황에서 바울의 동역자인 '누가'는 죽음의 두려움 속에 점점 희망을 잃어가는 크리스천들에게 바울의 일생과 그가 얻은 지혜를 사도행전으로 기록하여 전하고자 바울이 갇혀 있는 감옥 속으로 숨어들면서 이야기는 시작된다. 영화 속에서 바울 외 '누가'와 '브리스굴라'와 '아굴라'의 삶도 함께 볼 수 있어 좋았다.

　당시 로마 크리스천들은 절체절명(絕體絕命)의 상황에서 박해를 피해 로마를 떠날 것인지 아니면 남을 것인지 고민하는 상황에서 '바울'이 지침을 줄 것으로 믿고, '누가'를 보내 바울의 대답을 듣고자 했다. 그런데 바울은 이렇게 말한다.

> 내가 왼쪽으로 가면 주님은 날 오른쪽으로 인도하셨고,
> 내가 오른쪽으로 가면 주님은 날 왼쪽으로 인도하셨다.
> 내가 어떻게 알겠나?
> 주님께서 인도하실 것이다.

　만약 그 때 바울이 지침을 주었다면 당시 크리스천들이 바울을 의지하게 되었을 것이고, 결국 예수님은 뒷전으로 밀려났을 수도 있다. 그런데 바울은 자신을 내세우지 않고, 오직 예수님만을 내세웠다.

　당시 크리스천들을 박해하는 하는데 앞장섰던 유대교 광신도 '사울'이 다메섹 크리스천들을 체포하기 위해 다메섹으로 가던 중 밝은 대낮에 노상에서 부활하신 예수님을 만난 이후 그리스도의 복음을 전파하는 사도 '바울'로 변화되어 살아가는 모습이 참 감동적으로 그려진 영화이다. 바울은 그렇게 살아도 주를 위해 죽어도 주를 위해 살다 갔다. 크리스천이 아닌 분들에게 더 권하고 싶은 영화이다.

> 인간의 삶은 손바닥 위의 바닷물과 같습니다.
> 크리스천들은 손 위의 바닷물이 아닌 바다를 보고 삽니다.
> - 영화 '바울' 명대사 -

영화 '신은 죽지 않았다3'

하나님은 정말 살아 계시는가? 청년들이 교회를 떠나는 이유는 무엇인가? 사람들은 왜 하나님을 믿지 않은가? 오늘날 교회는 어떤 모습이어야 하는가? 영화 '신은 죽지 않았다 3'은 참 많은 것을 생각하게 하는 영화이다.

주립대학이 설립되기 전부터 있던 150년을 이어온 성 제임스 교회의 데이빗 목사는 의문의 화재로 부목사로 부임한 친구를 잃는다. 설상가상으로 주립대 캠퍼스 내에 위치한 교회의 퇴거를 요구하는 주립대와의 갈등이 심해지고, 교회의 퇴거를 지지하는 세력과 반대하는 세력 간의 대립도 악화되는 과정에서 그 문제를 해결해 가는 한 목사의 이야기를 그려낸 영화이다. 신은 죽지 않았다(2015년)와 신은 죽지 않았다2(2016년)에 이은 세 번째 시리즈영화이다. 영화 속 여주인공 키튼은 데이빗 목사에게 다음과 같이 묻고 답한다.

저희 세대가 왜 교회를 떠나는지 아세요? 교회가 뭘 반대하는지는 알아도 무엇을 위해 있는지 알 수 없어서에요.

이 영화는 오늘날 기독교인들과 비기독교인들의 갈등을 잘 묘사하고 있다. 아울러 연인이 신앙문제로 갈등하는 모습과 형제애, 교회 내 모습, 목회자의 마음가짐 등을 세밀하게 잘 다루고 있다. 또한 나의 직업이 변호사라서 그런지 처음부터 끝까지 미국과 우리나라 사법절차를 비교하면서 영화를 봤다. 특히 영화 끝부분에서 데이빗 목사가 분열된 시위대를 설득하여 하나가 되고, 함께 촛불을 드는 모습은 우리나라 촛불집회를 연상케 했다. 자신의 몸을 태워 세상을 밝히는 촛불처럼 살자. 우리 예수님이 그렇게 사셨다.

 교회의 사전적 의미는 '예수 그리스도를 주(主)로 고백하고 따르는 신자들의 공동체 또는 그 장소'이다. 오늘날 우리들은 예수를 따른다고 하면서 교회건물 안에 갇혀 '우리끼리 신앙생활'에 만족하고 있는 것은 아닌가? 교회만 다니지 말고, 교회가 되어야 한다. 우리는 하나님의 영광을 위해서, 이웃의 유익을 위해서 살아가야 한다. 우리 예수님이 그렇게 사셨다. 이래도 저래도 정답은 '사랑'이다. 영화의 명대사는 감독이 우리에게 하고 싶은 말이자, 하나님이 지금 나에게 하고 있는 말씀이다. 종교영화라기 보다는 지금 우리들의 모습을 닮은 참 감동적인 영화이다. 함께 영화를 본 내 딸도 감동받아서 울었고, 나도 울었다. 강추한다.

영화 '국가부도의 날'

용산구상공회 사회봉사위원회 가족들과 함께 영화 '국가부도의 날'을 봤다. 이 영화는 2018. 12. 10. 현재 누적관람객 280만명(개봉 14일차), 박스오피스 1위를 달리고 있다.(총 관람객 375만 명) 재미있는 영화도 아닌데 그렇게 많은 관객이 찾는 이유는 남의 나라, 남의 이야기가 아닌 우리나라, 우리들의 이야기이기 때문 아닐까?

영화는 서로 다른 3명의 인물을 통해 1997년에 있었던 IMF 구제금융의 상황을 잘 묘사하고 있다. 당시 정부 관료의 무능과 무지를 부각시킨 한국은행 통화정책팀장 한수현(김혜수 역), 당시 부도난 '나라종금' 월급쟁이 생활을 하다가 국가부도 사태를 예감하고 회사를 사직한 후 투자자들을 모아 정부의 무능과 무지에 투자하여 큰 돈을 버는 윤정학(유아인 역), 우리 주변에서 흔히 만날 수 있는 중소기업사장 갑수(허준호 역). 전혀 다른 3명이지만 상황이 상황이라서 그런지 3명의 삶이 자연스럽게 연결되어 있다. 영화에서 김혜수는 "비정규직이 늘어나고 실업이 일상이 되는 세상 그런 세상을 오게 하면 안됩니다."라고 외치면서 IMF 구제금융 받는 것을 반대했는데, 지금 그런 세상에 와 있는 것 같아 마음이 아프다. 나도 이 말을 할 자격은 없지만, 개인도, 가정도, 기업도, 지방자치단체도, 나라도 돈 관리 잘 해야 한다! 개인과 나라는 별개가 아니라 한 몸임을 잊지 말자. 김혜수 마지막 대사처럼, 의심하고 또 의심할 것. 항상 깨어있는 눈으로 세상을 바라봐야 한다. "위기는 반복된다!" 이 영화가 우리에게 전하는 메시지이다.

영화 '보헤미안 랩소디'

나와 동갑이지만, 내가 사랑하고 존경하는 윤철수 상무 가족 초대로 점심 식사를 대접받았다. 식사 후 이런 저런 세상사는 이야기를 하다가, '세상은 교과서가 없다'는 말에 공감했다. 우리가 요즘 장안의 화제가 된 'SKY 캐슬' 어른들처럼 우리 아들에게 정해진 삶을 강요한 것은 아닌지 되돌아보는 시간을 가졌다.

윤철수 상무 부부는 이미 본 영화 '보헤미안 랩소디'를 우리 부부가 안 봤다고 다시 함께 TV로 보게 되었는데, 영화관에서 보지 못한 것이 몹시 아쉬웠다. 오늘 현재(2019. 2. 2.) 992만 명이 관람했다고 한다.

보헤미안(Bohemian)은 사회 관습에 구애받지 아니하고 방랑적이며 자유분방한 생활을 하는 사람을 뜻하고, 랩소디(Rhapsody)는 내용 및 형식이 비교적 자유롭고, 서사적이며 영웅적, 민족적 성격을 지닌 환성적인 광시곡(狂詩曲)을 의미한다. '록 오페라'라는 의미를 실감할 수 있는 퀸(Queen)의 대표곡이다. 우리나라에서는 가사가 불건전하다는 이유로 금지곡이 되었다가 1998년 해금되어 더 애창되고 있다.

음악의 꿈을 키우며 공항에서 수하물 노동자로 일하며 음악의 꿈을 키우던 이민자 출신의 '파록버사라'가 보컬을 구하던 로컬 밴드에 들어가면서 '프레디 머큐리'라는 이름으로 밴드 퀸을 이끌게 된다. 프레디 머큐리와 퀸의 독창적인 음악과 가슴을 뛰게 하는 열정적인 무대 그리고 그들의 삶을 담은 참 감동적인 영화이다. 프레디 머큐리(보컬), 로저 테일러(드럼), 브라이언 메이(기타), 존 디콘(베이스). 퀸의 멋진 멤버들 이름이다. 이 영화를 삼십 번 봤다는 사람이 이해가 되었다. 이 영화를 만든 브라이언 싱어(Bryan Singer) 감독과 진짜 프레디 머큐리처럼 연기한 라미 말렉(Rami Malek)의 연기에 찬사를 보낸다.

나는 이 영화를 보면서, 먼저 '만남의 축복'이라는 단어가 떠올랐다. 만약 프레디 머큐리가 퀸 멤버를 만나지 못했다면, 양성애자인 프레디 머큐리 곁에 여자친구 '메리'가 없었다면 그리고 프레디 머큐리를 돈벌이 도구로만 여긴 날파리 같은 매니저 '폴'이 없었다면 어찌 되었을까? 우리들 모두가 퀸 멤버들과 메리와 같이 좋은 이웃을 만나고, 그리고 우리들이 그런 좋은 이웃이 되기를 소망한다. 프레디 머큐리가 날파리 같은 '폴'을 만난 것은 본인이 그런 날파리 같은 마음을 가졌기 때문이다. 남 탓할 것 없다.

이 영화는 그냥 즐기면서 보는 영화이다. 동성애를 그렸다고 색안경을 쓰고 볼 것도 아니다. 프레디 머큐리가 처음 퀸 보컬이 되어서 부른 첫 곡의 첫 가사가 "즐기며 살아. 너희들 모두 즐기며 살아"이다. 프레디 머큐리 명대사대로, "돈으로 행복을 살 수는 없어도 나눠 줄 수는 있다." 행복은 독점하는 것이 아니라 그렇게 나눠주는 것이다.

프레디 머큐리의 명곡 'We are the champions'을 듣는 것만으로도 속이 다 후련했다. 인터넷으로 볼 수 있는 퀸의 에이드(AID) 실제 공연을 보면 더 감동적이다. 우리는 각자의 삶에 있어 챔피언들이다.

We are the champions!!

영화 '극한직업'

금요일 저녁 아내, 딸과 함께 영화 '극한직업'을 봤다. 올해 고3이 되는 아들과 함께 못 본 것이 미안할 정도로 처음부터 끝까지 웃기는 영화이다. 정말 웃다가 복근 생길 영화이다. 경찰서 마약반이 닭을 잡을 것인가 범인을 잡을 것인가 고민하는 상황 설정이 참 기발하다. 오늘 개봉 열흘 만에 누적 관람관객 500만을 돌파했다고 한다.(개봉 21일차 1,324만 명 관람) 극한직업을 가진 경찰관들의 노고에 힘찬 격려의 박수를 보낸다. 다만, 아무리 웃기라도 앞자리 좌석은 발로 차지 말라. 나는 영화 보면서 처음으로 앞에 계신 분한테 경고장 받았다.

우리 같은 소상공인들, 다 목숨 걸고 일하는 사람들이야!
- 영화 '극한직업' 명대사 -

연주회 '울림과 어울림(The Voice)'

강희석 원장님의 초대로 내 나이 쉰 한살 생일날, 아내와 교회 장로님 내외 분과 함께 예술의 전당에서 한 조선비즈 창간 8주년 기념 '울림과 어울림(The Voice)' 연주회를 다녀왔다. 소리꾼 장사익 선생과 러시아 소프라노 옐레나 포폽스카야(Elena Popovskaya)와 바리톤 안드레이 그리고리예프(Andrei Grigoriev)가 지휘자 장윤성이 지휘하는 코리아 쿱 오케스트라(KORER COOP ORCHESTRA) 연주로 부른 오페라와 우리나라 노래를 들었다. 울림이 있고, 어울림이 있는 참 멋진 공연이었다. 특히 세 분이 어우러져서 오페라(정확하지 않다)를 이태리어와 한국어로 부르는데도, 참 잘 어울렸다. 그 노래처럼 대한민국과 러시아, 중국, 일본 국민들도 서로 어깨동무하면서 살아갔으면 좋겠다. 장사익 선생이 부른 '반달, 찔레꽃, 님은 먼 곳에, 봄날은 간다'는 한 곡 한 곡이 가슴을 사정없이 후벼 팠다. 장사익 선생이 노래 '반달'을 부른 후 한 인삿말은 나에게만 하신 말씀 같아서 더 좋았다.

"꽃은 져도 상관없습니다.
여기 오신 분들이 꽃이기 때문입니다.
봄이란 본다의 의미가 있습니다.
꽃은 피워볼까 하고, 사람은 세상 살아 볼까 합니다.
사랑합니다."

앵콜곡으로 들은 안드레이 그리고예프의 '백학'(드라마 모래시계 주제곡)을 들을 때는 온 몸이 짜릿했다. 장사익 선생이 부른 '님은 먼 곳에' 노래가사가 귓가에 맴돈다.

사랑한다고 말할걸 그랬지
님이 아니면 못 산다 할 것을
사랑한다고 말할걸 그랬지

뮤지컬 '비커밍맘 시즌2'

나의 페이스북 친구인 송금례 교수님 초청으로 뮤지컬 '비커밍맘 시즌2'를 대학로 동양예술극장에서 아내, 딸, 처제, 교회 집사님과 함께 관람했다. 송 교수님의 따님 이은영씨가 원작자이고, 사위 김인남씨가 연출했다.

"결혼하기가 무서웠어요. 결혼하면 저래야 돼요? 엄마, 아빠 생각 많이 했어요." 20살 딸이 뮤지컬을 보고 난 소감이다. 만 7세 이상이면 누구나 볼 수 있는 사랑을 위한 참 아름다운 뮤지컬이다. 여고 동창생 3명이 각자의 배우자를 만나 결혼해서 엄마가 되는 그리고 엄마로 살아가는 이야기다. 뻔한 이야기 같지만, 웃음과 잔잔한 감동이 있는 우리들의 솔직한 이야기다. 극중 대사 중에 이런 내용이 있다.

정말 좋은데, 정말 좋은 것만은 아니란 걸.
그래요. 그건 우리가 엄마아빠이기 때문일거야. 파이팅!

미래의 엄마아빠들은 최소한 엄마아빠가 되는 것이 정말 좋은데, 정말 좋은 것만은 아니라는 것을 알고 아이를 가져야 하지 않을까? 세 딸을 둔 교회 집사님은 극중에 아이 셋을 둔 아빠가 언급한 태명 "뜻밖에, 갑자기, 또또"가 마음에 와 닿았다고 했다. 그처럼 얼떨결에 아이를 가져서 얼떨결에 아이를 낳는 것도 좋은 방법이기는 하지만, 엄마아빠의 삶을 한 번쯤은 생각해보고 '하늘이 준 선물'인 아이를 맞이해야 하지 않을까? 아이를 갖는다는 것은 극중 대사처럼, '기쁨은 둘이 되고, 행복은 셋이 되는 것'이다. 이 뮤지컬을 관람하면 '엄마아빠 자격증'을 줘도 괜찮을 것 같다.

6명의 남여 배우가 한결 같이 노래를 참 잘 한다. 좁은 무대지만 예술의 전당에서 본 어느 뮤지컬 못지않았다. 특히, 무대 2층 위에 설치된 달이 참 아름다웠다. 달이 아름다운 것은 달이 있어야 할 자리에 있기 때문이다. 엄마아빠의 자리를 잘 지키는 것이 우리가 행복하게 사는 첩경임을 믿는다.

아이는 나에게 찾아온 소중한 선물이고, 하늘이 허락한 선물이어야 한다. 나라도, 회사도 아이를 잘 양육할 수 있는 환경을 만들어 줘야 한다. 우리는 잘 할 수 있다. 젊은 연인들이여~ 올 겨울이 가기 전에 '비커밍맘 시즌2'를 꼭 관람하시기를 강추한다.

어서와, 봄 (심찬양 그래피티 작품)

　미세먼지 때문인지 흐린 주말에 사랑하는 딸과 함께 청와대 사랑채로 나들이했다. 내가 섬기는 이수교회 심찬양 형제가 청와대 사랑채에서 열리는 전시회 <어서와, 봄>에 초청받아서 그래피티 작품 2점을 전시했기 때문이다. 그래피티(graffiti)는 벽이나 그 밖의 화면에 낙서처럼 긁거나 스프레이 페인트를 이용해 그리는 그림을 말한다. 아래 글은 심찬양 형제 작품 옆면에 있는 작품 소개 글이다.

　낙서를 예술로 만드는 그래피티 아티스트 심찬양. 미국 LA 아트디스트릭트에 그린 한복 입은 벽화로 세계인의 눈길을 사로잡았다. 힙합 문화와 한국적 요소가 결합된 그림은 신선한 아름다움을 선사한다. 이번 작품의 주인공은 남북 정상과 한복을 입은 다문화 소녀들. 다양성과 포용성을 상징하는 미래세대가 청와대 사랑채 앞마당에서 손님을 반긴다.

　첫 번째 작품은 남북 정상이 악수를 하고 있는 '안녕(Shalom, 900×537cm, 목재합판에 스프레이 페인트)'이고, 두 번째 작품은 한복을 입은 다문화 소녀 3명을 그린 '어깨동무(Seoulmate, 600×537cm, 목재합판에 스프레이 페인트)' 이다. 나는 '안녕'이라는 작품 앞에서 관람 온 여자 외국인과 악수하면서 사진을 찍었다.
　심찬양 형제는 목회자의 아들로 그의 재능을 통하여 하나님의 사랑을 전하는 비전을 가지고 있다. 이번 작품에도 하나님의 사랑이 담겨 있다. 첫 번째 '안녕'이라는 작품의 영어 제목이 '샬롬(Shalom)'이다. 샬롬은 하나님의 평화가 당신에게 함께 하길 원한다는 뜻이다. 두 번째 '어깨동무'라는 작품 좌측 상단에 붉은 색 도장 같은 것이 있는데, 그 안을 들여다보면 요한복음 3장 29절(JOHN 0329)라고 기록되어 있고, 그 위에 예수 그리스도를 상징하는 물고기 그림과 왕관이 그려져 있다. '안녕'이라는 작품 우측 상단에도 하얀색으로 같은 내용이 기록되어 있다.

청와대 사랑채 2층에는 다른 작가들의 작품들이 전시되어 있고, 청와대와 역대 대통령을 소개하는 공간도 마련되어 있다. 그 곳에 대통령 집무실 책상도 놓여 있는데, 대통령처럼 자유롭게 앉아서 사진도 찍을 수 있다. 또한 대통령에게 영상으로 쪽지를 보내는 곳이 있는데, 딸은 '살기 좋은 아름다운 대한민국을 만들어 주세요'라고 적었고, 나는 '평화통일, 복음통일을 이루어주십시오. 사랑하고 축복합니다. 늘 강건하소서!'라고 적었더니, 대형 화면에 그 쪽지편지가 보였다. 이 땅에 남북이 하나 되는 평화의 봄이 곧 오리라 믿는다. 어서와, 봄!

청와대 사랑채를 둘러보고, 삼청동에서 1976년부터 단팥죽을 파는 '서울서 둘째로 잘 하는 집'(서울 종로구 삼청로 121) 식당에 갔다. 식당 주인에게 "왜 식당 이름을 서울서 첫째로 잘 하는 집으로 이름 짓지 않았느냐?"고 묻자, 주인은 "그 날 그 날 열심히 하는 사람이 제일 잘 하는 거에요"라고 대답한다.

"지금까지 먹어본 팥죽 중에서 제일 맛있어요." 평소 단팥죽을 좋아하지 않는 딸의 말이다. 단팥죽, 쌍화탕, 생강대추차, 수정과만 팔고, 매주 월요일은 쉰다. 식당 안에 내 '流水人生(유수인생)'이라는 액자가 걸려있다. 그런데 내가 액자에 쓰여진 인(人)자가 꼭 팔(八)자 같다고 했더니, 실제로 인(人)자인데 팔(八)자처럼 썼다고 한다. 물처럼 사는 인생. 참 멋진 주인장이다.

신부를 취하는 자는 신랑이나 서서 신랑의 음성을 듣는 친구가
크게 기뻐하나니 나는 이러한 기쁨으로 충만하였노라
- 요한복음 3장 29절 -

제3편 주님과 동행

복은 내가 빚는 그릇이다

세상적으로 복 있는 사람은
돈 많은 사람, 사회적으로 지위가 높은 사람,
자식들이 잘 된 사람 등을 지칭한다.
그런데 예수님은 심령이 가난한 사람, 애통하는 사람,
온유한 사람, 의에 주리고 목마른 사람,
긍휼히 여기는 사람, 마음이 청결한 사람,
화평케 하는 사람, 의를 위하여 박해를 받은 사람은
복이 있어 천국이 그들의 것이라고 하셨다.
이를 팔복(八福)이라 한다.
심령이 가난한 사람은 영적 빈곤을 자각하는 사람이고,
애통하는 사람은 자신의 죄가 하나님을 슬프게 하며,
자신에게는 구원받을만한 아무런 의가 없는 것을 깨달아
죄를 회개하는 사람이다.
온유한 사람은 자신의 의를 나타내지 아니하고,
화를 부드럽게 참아내며,
하나님의 손에 모든 것을 맡기고 기꺼이 참는 사람을 가리키고,
의에 주리고 목마른 사람은
하나님의 의가 자기 생활 속에서 나타나기를 간절히 바라는 사람이다.
긍휼히 여기는 사람에서 '긍휼'이란
예수님께서 죄인을 구원하시기 위해 십자가에서 죽으신
그 사랑에 바탕을 둔, 용서의 행위이고,
마음이 청결한 사람은 위선적이거나 두 마음을 품지 않고,

신실하고 정직한 마음을 소유한 사람을 뜻한다.
화평하게 하는 사람은 분쟁과 다툼 속에서
평화를 이끌어 내는 사람이고,
의를 위하여 박해를 받은 사람은
의로운 일을 하기 때문에 고통당하는 사람을 뜻한다.
- 개역개정 성경 각주 해설에서 인용 -

세상의 복과 예수님이 말씀하신 복은
남극과 북극 사이처럼 멀리 떨어져 있다.
한편 구약의 시편에서는 복 있는 사람을 다음과 같이 묘사하고 있다.

복 있는 사람은 악인들의 꾀를 따르지 아니하며
죄인들의 길에 서지 아니하며
오만한 자들의 자리에 앉지 아니하고
오직 여호와의 율법을 즐거워하여 그의 율법을 주야로 묵상하는도다
- 시편 1편 1~2절 -

예수님이 말씀하신 팔복과 시편 1편의 말씀을 종합하면
마음의 부자가 진짜 부자인 것 같다.
좋은 것이 좋다는 식으로 적당히 세상과 타협하고 사는 삶 보다
다소 손해를 보더라도 의로운 길을 가고,
겸손하게 이웃을 섬기는 사람이 복 있는 사람이다.
복은 하늘에서 어느 날 갑자기 떨어지는 것이 아니다.
복은 내가 빚는 그릇이다.
단지 내가 빚은 그 그릇이 작거나 클 따름이다.

너희는 세상의 소금이다

너희는 세상의 소금이니
소금이 만일 그 맛을 잃으면 무엇으로 짜게 하리요
후에는 아무 쓸 데 없어
다만 밖에 버려져 사람에게 밟힐 뿐이니라
- 마태복음 5장 13절 -

예수님은 분명 우리에게 너희는 '세상의 소금이 되라'고 하지 않고,
너희는 '세상의 소금이라'고 선언하셨다.
소금은 우리 몸에 반드시 필요한 것이다.
우리 몸 안에서 소금과 물의 균형이 깨지면
탈수현상으로 목숨을 잃기 때문이다.
또한 소금은 음식의 변질을 막는 방부제 역할도 한다.
그래서 소금은 음식 이상의 음식이다.

한 사람이 평생에 걸쳐 소비하는 소금의 양은 약 13톤 정도가 된다고 한다.
오늘날 급여를 의미하는 샐러리(salary)란 단어도
'소금 지불'이라는 뜻의 라틴어 살라리움(salarium)에서 유래되었다.
우리가 세상의 소금으로서 살아가려면 과연 어떤 삶을 살아야 할까?
예수님은 마태복음 5장 3~10절에서 심령이 가난한 자, 애통하는 자,
온유한 자, 의에 주리고 목마른 자, 긍휼히 여기는 자,
마음이 청결한 자, 화평하게 하는 자,
의를 위하여 박해를 받은 자는 복이 있다고 하셨다.
이를 '팔복(八福)'이라고 한다.
이 팔복을 삶의 가치로 두는 삶이
곧 세상의 소금으로 사는 것 아닐까?
팔복을 생각만 하지 말고, 팔복 중 하나만이라도 실천하자.
우리 그렇게 서로 서로가 세상을 살맛나게 하는
세상의 소금으로 살자.

고난은 있어도 절망은 없다

낙타는 하루를 시작할 때 주인 앞에 무릎을 꿇습니다.
그리고 주인이 짐을 실어줄 때까지 기다립니다.
낙타는 하루를 마칠 때 주인 앞에 무릎을 꿇습니다.
그리고 주인이 짐을 내려줄 때까지 기다립니다.
낙타는 주인이 지고 갈 수 있는 만큼만
짐을 실어준다는 것을 잘 압니다.
- 탁영철 목사 -

낙타가 주인을 위한 삶을 살아가듯 크리스천은 하나님의 영광을 위해서
그리고 이웃의 유익을 위해 살아가야 한다.
지금 주어진 짐이 무거울 수 있다.
당장 초원과 사막에서 살아가야 하니 힘들 것이다.
그렇지만 우리는 크고 작은 짐을 져야 하고,
초원과 사막에서도 살아가야 하는 것이 우리들의 인생이다.

사람이 감당할 시험 밖에는 너희가 당한 것이 없나니
　　오직 하나님은 미쁘사
　　너희가 감당하지 못할 시험 당함을 허락하지 아니하시고
　　시험 당할 즈음에 또한 피할 길을 내사
　　너희로 능히 감당하게 하시느니라
　　- 고린도전서 10장 13절 -

성경은 분명 '하나님은 우리가 감당하지 못할 시험 당함을
허락하지 아니하시고 또한 그 시험을 능히 감당하게 하신다'고 한다.
고난은 있어도 절망은 없다.
고난은 있어도 절망하지 말자.
하나님께서 함께 하시면 피할 수 있다.
하나님께서 함께 하시면 이길 수 있다.

　　내 형제들아 너희가 여러 가지 시험을 당하거든 온전히 기쁘게 여기라
　　이는 너희 믿음의 시련이 인내를 만들어 내는 줄 너희가 앎이라
　　- 야고보서 1장 2~3절 -

더러운 말은 입 밖에도 내지 말라

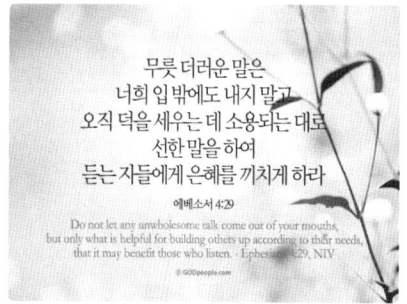

더러운 말은 썩은 생선과 같이
더럽고 저속한 말로서 사람의 마음을 상하게 한다.
그 더러운 말을 처음으로 듣는 사람은 그 말을 하는 자기 자신이다.
그렇기 때문에 더러운 말은 상대방뿐만 아니라 자신까지도 상하게 한다.
그에 반해 선한 말은 때에 맞는 적절한 말이다.
선한 말은 듣는 자에게 은혜가 되고 덕이 되는 말이고,
가정과 교회공동체, 사회공동체를 세우는 말이다.
사랑의 말이 아니면 말문을 닫아야 한다.
말은 씨가 되어 자라고 또 자라기 때문이다.
성경은 '마귀에게 틈을 주지 말라'고 한다.(에베소서 4장 25절)
마귀에게 틈을 주는 것의 첫 번째도, 두 번째도
더러운 말을 하는 것이다.
부부 사이, 부모자식 사이에서도 마찬가지이다.
아무리 가까운 사이라도 더러운 말은 입 밖에도 내지 말자.

그 사람들

공관복음서(共觀福音書, 마태복음 9장 1~8절, 마가복음 2장 1~12절, 누가복음 5장 17~26절)에는 모두 예수님이 중풍병자를 고쳐 주시는 기사가 나온다. 한 중풍병자를 '그 사람들'이 침상에 메고 와서 예수 앞에 들여놓고자 하였으나 무리 때문에 들어갈 길을 얻지 못하자, 지붕에 올라 가 기와를 벗기고 병자를 침상 째 무리 가운데로 예수 앞에 달아 내리어 치료함을 받는다. 지붕에 올라 가 기와를 벗기고 침상 째 병자를 예수 앞에 내린 '그 사람들' 덕

분에 중풍병자는 치료함을 받았다. 마태복음과 누가복음에는 '그 사람들'이 누구이고 몇 사람인지 밝히지 않고 있으나, 마가복음(2장 3절)에는 네 사람이 중풍병자를 메고 예수께 갔다라고 되어 있다.

나도 '그 사람들'이 되길 소망한다. 믿음을 가지고 나의 이웃을 위해 예수님 앞으로 데리고 가는 '그 사람들'이 되길 소망한다. 성경에는 '그 사람들' 이름도 기록되어 있지 않다. 섬김은 그렇게 이름도 남기지 않도록 해야 한다. 그래서 온전히 하나님만 들어나게 해야 한다.

그러므로 너희 죄를 서로 고백하며 병이 낫기를 위하여 서로 기도하라 의인의 간구는 역사하는 힘이 큼이니라
- 야고보서 5장 16절 -

감사함이 감사함을 낳는다

인생은 걱정거리 투성이다.
숨이 막힐 때가 있다.
그냥 모든 것을 던져버리고 싶을 때가 있다.
걱정은 우리의 눈과 영혼과 몸을 쇠하게 한다.

> 여호와여 내가 고통 중에 있사오니 내게 은혜를 베푸소서
> 내가 근심 때문에 눈과 영혼과 몸이 쇠하였나이다
> - 시편 31편 9절 -

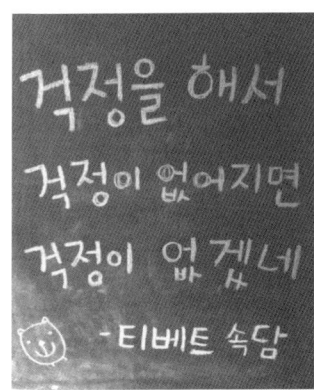

그러나 걱정으로 해결되는 일은 아무 것도 없다.
걱정은 내일의 슬픔을 덜어주는 것이 아니라,
오늘의 힘을 앗아갈 뿐이다.
힘들 때마다 아래 성경구절을 되뇌어 보자.

아무 것도 염려하지 말고 다만 모든 일에 기도와 간구로
너희 구할 것을 감사함으로 하나님께 아뢰라
그리하면 모든 지각에 뛰어난 하나님의 평강이
그리스도 예수 안에서 너희 마음과 생각을 지키시리라
- 빌립보서 4장 6~7절 -

그리고 하나님께 아뢸 때는 아무리 힘들더라도
감사함으로 아뢰어야 한다는 것을 잊지 말아야 한다.
감사함이 감사함을 낳기 때문이다.

네가 능히 이 일 할 줄을 믿느냐

　마태복음 9장에는 예수님의 권능으로 침상에 누운 중풍병자가 일어나 걸어가고,(2~7절) 죽은 한 관리의 딸이 살아나고,(18~25절) 두 맹인의 눈이 밝아지는 기적이 일어나는 장면이 나온다.(27~31절) 그런데 그 기적을 체험한 자들 모두 불가능한 것을 가능한 것으로 믿고 예수께 구했다. 즉, 중풍병자는 사람들이 예수께 데리고 왔고, 죽은 딸의 아비는 예수께 죽은 딸의 몸에 손을 얹어서 살려달라고 했고, 두 맹인은 떠나가는 예수를 따라가면서 불쌍히 여겨달라고 외쳤다. 예수께서 그 두 맹인에게 "내가 능히 이 일 할 줄을 믿느냐"고 묻자, 두 맹인은 "주여 그러하오이다"라고 대답한다. 그러자 예수께서 그들의 눈을 만지시며 "너희 믿음대로 되라" 하시니 그들의 눈이 밝아진다.

　　구하라 그리하면 너희에게 주실 것이요
　　찾으라 그리하면 찾아낼 것이요
　　문을 두드리라 그리하면 너희에게 열릴 것이니
　　구하는 이마다 받을 것이요
　　찾는 이는 찾아낼 것이요
　　두드리는 이에게는 열릴 것이니라
　　- 마태복음 7장 7~8절 -

하나님은 우리가 구하고, 찾고, 두드리면 주시고, 찾아내고, 열릴 것이라고 하셨는데, 지금 우리는 하나님이 하실만한 것만 간구하고 있는 것 아닌가? 또한 간구하는 대상이 하나님이 아닌 우상이나 돈 등인 경우도 많다. 세상 복잡하게 살 것 없다. 성경 말씀대로 하나님을 믿고 하나님께 구하자. 그것을 이루어주시고 안 이루어주시는 것은 하나님의 몫이다.

> **The difficult is what takes a little time**
> **: the impossible is what takes a little longer.**
> **어려움이란 시간이 약간 걸리는 일이고,**
> **불가능이란 시간이 그보다 조금 더 오래 걸리는 일이다.**

노르웨이의 북극 탐험가이자 해양 동물학자이고, 정치가이자 1922년 노벨평화상 수상자인 프리드쇼프 난센(Fridtjof Nansen)의 명언이다. 불가능이란 없다.

늘 깨어서 기도해야 하는 이유

유다에게 사탄이 들어가니
유다가 대제사장들과 경비대장들에게 가서
예수를 넘겨줄 방도를 의논하고,
그들이 기뻐하여 돈을 주기로 언약하고 유다가 허락한다.
(누가복음 22장 4~6절)
대제사장들과 경비대장들이 유다를 찾아가서
예수를 넘기라고 한 것이 아니라
유다가 그들을 찾아가서 예수를 넘길 방도를 의논했다.
유다가 그렇게 한 것은 사탄이 유다에게 들어갔기 때문이다.
목사든 장로든 권사든 사탄이 들어가면
유다처럼 예수를 팔게 된다.
유다는 예수님의 사랑하는 열 두 제자 중 한 사람이 아니던가?
늘 깨어서 기도해야 하는 이유다.
항상 우리 마음을 예수님으로 가득 채우자.

항상 감사한 마음 주시옵소서

성경에서 등장하는 하나님의 사람치고
고난과 역경을 만나지 않은 사람은 없는 것 같다.
아브라함, 모세, 요셉, 다윗 등이 그랬고,
심지어 아무 죄 없는 예수님조차
십자가 고통을 당하시고 죽으셨다.
하나님은 왜 처음부터 끝까지 축복해주시지 않고,
중간 중간에 고난과 역경을 극복하게 하시는 것일까?
모두 하나님이 주관하신다는 것을 가르쳐 주시려고 그러는 것일까?
매 순간 나의 힘이 아닌
하나님이 주시는 힘으로 살아가야 함을 가르쳐 주시기 위함이 아닐까?
오늘 내가 만난 피고인에게 해준 기도대로
나에게도 항상 감사한 마음 주시기를 기도한다.

하나님 아버지,
아무리 힘들더라도 항상 감사한 마음 주시옵소서!

홀씨처럼

홀씨는 바람에 날려 어느 자리에 떨어졌는지를 탓하지 않고
자신이 피울 수 있는 가장 아름다운 꽃을 피우는 것이 사명이듯,
크리스천도 하나님이 보내주신 자리를
탓하지 않고 자신이 맺을 수 있는
가장 소중한 열매를 맺는 것이 사명입니다.
- 탁영철 목사 -

비와 눈이 섞인 진눈깨비가 내리고 있다.
날씨가 꿀꿀하여 사무실 옥상에 올라가
진눈깨비를 온 몸으로 받았다.
춥기만 하다.
오늘은 요새 안 마시던 커피를 마셨다.
하나님이 이 땅에 나를 태어나게 하신 이유는 무엇일까?
나의 사명은 무엇일까?
한 사람의 남편으로, 두 아이의 아빠로,

본가와 처가의 아들로, 이수성결교회 장로로,
법무법인 서호 대표변호사로 본이 되는 삶을 사는 것이
나의 사명 아닐까?
하나님은 분명 나와 나의 가족들만 잘 먹고 잘 살라고
나를 이 땅에 보내지는 않으셨을 것이다.
하나님께는 영광, 이웃에게는 유익되는 삶을 사는 것,
그렇게 본이 되는 삶이 나의 사명이다.
홀씨처럼 내가 서 있는 자리가
곧 나의 사명을 완수해야 할 자리이다.
홀씨는 진눈깨비가 내려도 날아가야 한다.
그 자리가 어디든
내가 있어야 할 자리이고,
내가 섬겨야 할 자리이다.

'주여'와 '나여'

> 내가 너로 여자와 원수가 되게 하고
> 네 후손도 여자의 후손과 원수가 되게 하리니
> 여자의 후손은 네 머리를 상하게 할 것이요
> 너는 그의 발꿈치를 상하게 할 것이니라 하시고
> - 창세기 3장 15절 -

창세기 3장 15절 말씀은 하나님이
하와를 유혹하여 선악과를 따 먹게 한 뱀에게 한 말이다.
여자의 후손은 예수의 후손이고, 뱀의 후손은 마귀의 후손이다.
예수의 후손은 '주여'하고,
'하나님의 소유'라고 하고, 기도하고, 감사한다.
그런데 마귀의 후손은 '나여'라고 하고, '내 것'이라고 하고,
기도하지 않고, 감사할 줄 모른다.
'주여'라는 고백은, 나는 '주님의 종'이라는 고백이다.
주인이신 하나님의 뜻을 물어야 하고,
하나님의 뜻을 따라야 한다.
하나님의 능력 보다, 하나님의 뜻이 중요하다.
예수님도 십자가 죽음 앞에서도 아버지의 뜻대로 하시라고 기도하셨다.
아담과 하와는 가인과 아벨을 낳았고,
이삭과 리브가는 에서와 야곱을 낳았다.
두 부부가 아들 둘을 낳은 것은 동일한데,
아내들인 하와와 리브가의 다른 점이 하나 있다.

그것은 하와는 기도하지 않았지만,
리브가는 기도하는 사람이었다는 점이다.
하나님께 기도하지 않은 하와는 큰 아들 가인이
작은 아들 아벨을 죽인 것도 몰랐지만,
리브가는 큰 아들 에서가 작은 아들 야곱을 죽이려 하는 것을 알고
동생 라반에게 야곱을 피신시켰다.
결국 야곱은 라반의 딸과 결혼하여 이스라엘 12지파의 조상이 되었다.
기도가 돈은 아닌데, 돈이다.
기도로 축복을 이룬다.
해놓고 기도하지 말고, 미리 기도하고 하자.
기독교대한성결교회 제49회 전국장로회 수양회 첫 번째 특강에서
대전중문교회 장경동 목사님 설교말씀 중 일부이다.
장경동 목사님이 주신 말씀대로,
이름 없이, 빛도 없이
오직 '나여'가 아닌 '주여'의 삶을 살 것을 다짐한다.

우체부와 등대지기

　당신은 복음을 배달하는 우체부
　바라만 보아도 자랑스러운
　성결교회를 지키는 등대지기입니다

기독교대한성결교회 제49회 전국장로회 수양회 힐링문화 콘서트에서
김수영 권사님이 낭독하신 '어머니'라는 시의 끝부분이다.
우체부는 눈이 오나 비가 오나
아무리 외딴 곳이라도 우편물을 배달해야 한다.
등대지기는 등대를 지키면서 혼자 등댓불을 밝히는 자이다.
김권사님의 시구(詩句)대로
교회 장로는 그리스도의 복음을 전하는 우체부요,
어두운 밤에도 교회를 지키는 등대지기가 아닐까?
나의 자리를 지키면서 복음 전도자의 삶을 살아갈 것을 다짐한다.
찬송가 563장 '예수 사랑하심을' 가사가

　나와 우리의 기도이자, 바람이기를 원한다.
　세상 사는 동안에 나와 함께 하시고
　세상 떠나 가는 날 천국가게 하소서

선물(present)

2019년 2월 첫째 주 이수성결교회
박정수 담임목사님 설교말씀 주제는 '선물'이다.
1부 예배 후 목장 모임에서 목원들에게
"예수님 다음으로 가장 귀한 선물은 무엇인가요?"라고 물었더니,
"아내, 건전한 몸과 생각, 가족, 하나님이 지금까지 동행해 주신 것,
하늘과 땅을 연결해주는 역할을 하는 음악, 모든 순간"이라고 대답해주셨다.
올해 80세가 다 되신 어느 집사님은 주저함 없이
'아내'를 가장 귀한 선물이라고 대답하셨다.
살기 위해서 정치적인 발언을 해야 할 필요가 없는 분인데 …
특히 "모든 순간이 선물이다."라는 어느 집사님의 대답이 귓가에 맴돈다.
공감하고 공감한다.
어느 것이 더 귀하고 어느 것이 덜 귀한 것이 아니라
지금 내 곁에 있는 모든 것이 다 귀한 하나님의 선물이다.
'오늘은 어제 죽어간 이들이 간절히 바라던 내일이다.'
고대 그리스의 시인 소포클래스가 한 말이다.
참 멋진 말이다.
'선물'의 영어 단어는 'present'이고, '현재'의 영어 단어도 'present'이다.
지금이 곧 선물이다.
그 때 잘 할 껄 후회한들 무슨 소용이 있는가?
지금 사랑하고, 지금 잘 하자. 나와 나의 가족, 우리들 모두가
행복하고 행복한 2019년 설 연휴를 보내고,
새해 하나님의 복을 많이 받기를 기도한다.

행복한 결혼의 비밀

여호와 하나님이 아담에게서 취하신 그 갈빗대로 여자를 만드시고 그를 아담에게로 이끌어 오시니 아담이 이르되 이는 내 뼈 중의 뼈요 살 중의 살이라 이것을 남자에게서 취하였은즉 여자라 부르리라 하니라 이러므로 남자가 부모를 떠나 그의 아내와 합하여 둘이 한 몸을 이룰지로다
- 창세기 2장 22~24절 -

가을 하늘이 참 예쁜 2018년 10월 마지막 주말, 신랑의 부친 심현동 목사님이 담임목사로 섬기고 계시는 김천 태촌성결교회에서 드려진 심찬양 군과 김아름 양의 혼인예식 하나님 말씀이다. 다음은 이수성결교회 박정수 담임목사님이 주례사로 전해주신 '행복한 결혼의 비밀'이다.

① 두 분의 중매자는 하나님이십니다. 두 분을 만드신 분이 하나님이시고, 두 분을 중매하신 분도 하나님이시라는 것을 잊지 마십시오.

② 남편은 아내를 품어주어야 합니다. 본문을 보면, "하나님이 아담에게서 취하신 그 갈빗대로 여자를 만드셨다"고 했습니다. 신부는 신랑을 보면서 이렇게 고백해보세요. "제가 당신의 품에서 나왔군요!" 신랑은 신부를 보면서 이렇게 고백해보세요. "그래요, 죽는 날까지 품어줄께요"

③ 서로 사랑의 고백을 나눠야 합니다. 사랑은 표현할 때까지 사랑이 아닙니다. 말로 표현하고, 행동으로 표현하고, 물질로 표현하는 것이 참 중요합니다.

④ 둘이 한 몸이라는 것을 잊지 마세요. "이러므로 남자가 부모를 떠나 그의 아내와 연합하여 둘이 한 몸을 이룰지로다" 서로에게 돕는 베필이 되십시오.

작은 시골 마을에 있는 작은 교회였지만, 서울의 특급 호텔 결혼식 보다 더 아름답고, 더 감동적인 혼인예식이었다. 태촌성결교회 설립 이후 첫 혼인예식이란다. 신랑신부는 결혼식 축의금조차 받지 않았다. 가수 이미쉘의 축가 'All of me'는 감미롭고 감미로웠다. 노래 제목대로 서로가 서로에게 나의 모든 것이 되길 기원한다. 세계적인 그래피티 화가 심찬양 형제 부부의 멋진 첫 출발을 보는 것만으로도 참 행복했다. 잠시 둘러본 시골 마을의 정취와 KTX 창밖으로 보이는 가을 풍경은 아름다운 오늘 결혼식이 준 선물인 것 같다. 신랑신부가 행복한 결혼의 비밀을 실천하여 행복한 가정을 이루고, 하나님께 영광을 돌리는 멋진 삶을 살아가길 기도한다.

축복의 통로가 되어라

내가 너로 큰 민족을 이루고
네게 복을 주어 네 이름을 창대하게 하리니 너는 복이 될지라
너를 축복하는 자에게는 내가 복을 내리고
너를 저주하는 자에게는 내가 저주하리니
땅의 모든 족속이 너로 말미암아 복을 얻을 것이라 하신지라
- 창세기 12장 2~3절 -

신랑 형성현 군과 신부 장도희 양의 혼인예식 성경말씀이다.
첫째 서로를 존귀하게 여기고, 서로에게 돕는 베필이 되십시오.
둘째 남편에게는 '인정'을, 아내에게는 '사랑'을
매일 공급하는 부부가 되십시오.

셋째 부부가 함께 하나님을 사랑하며,
신앙의 조력자가 되어야 합니다.
이수교회 박정수 담임목사님의 주례사이다.
주례사 말씀대로 신랑신부가 하나님의 복을 흘러 보내는
'수도관' 역할을 할 수 있기를 기도한다.

아내들아 남편에게 복종하라
이는 주 안에서 마땅하니라
남편들아 아내를 사랑하며 괴롭게 하지 말라
- 골로새서 3장 18~19절 -

어느 한 사람

이수성결교회 박정수 담임목사님을 따라 제7회 목회자 통일준비포럼에 다녀왔다. 한국교회 목회자와 한인디아스포라교포교회 목회자들이 함께 모여 복음통일에 대해 기도하고, 무엇을 할 것인지 고민하는 모임이다. 나는 목회자도 아니요 통일 전문가도 아니지만 이수성결교회 통일선교부장이라는 직분을 잘 감당하기 위해 동행했다.

함께 개회예배를 드리고, 전문가들의 주제 강의를 듣고, 통일선교언약 발표 및 공청회를 들었다. 숭실대학교 기독교통일지도자학과 하충엽 주임교수의 '통일을 위한 정신과 정책의 공유'라는 주제 강의 내용 중 가장 마음에 와 닿은 것은 테오도르 헤르츨(Theodor Herzl) 이야기였다.

유대계 오스트리아인 기자인 테오도르 헤르츨은 1894년 사실상 유대인이라는 이유로 간첩죄로 종신형을 선고 받은 드레퓌스 사건이 발생하자, 《유대 국가》라는 책을 출간하여 흩어져 있는 유대인들의 인권이 존중받을 국가가 필요하다는 것을 구체적으로 제시했다. 그 책을 읽고 헤르츨의 정신과 정책을 공유하는 시오니즘(Zionism : 고대 유대인들이 고국 팔레스타인에 유대 민족

국가를 건설하는 것을 목표로 한 유대민족주의 운동) 지도자들이 1897년부터 모이기 시작하고, 결국 1948년 다비드 벤구리온(David Ben-Gurion)이 헤르츨의 초상화 밑에서 이스라엘이 독립국가임을 선언했다. '이는 한국에 있는 기독교인과 한국 밖의 디아스포라교포교회 기독교인이 통일국가를 세우는 정신과 정책, 가치를 공유하는 것이 얼마나 중요한 가를 보여준다'는 하충엽 교수의 강의 내용에 공감했다.

또한 오늘 모임에서 독일 통일의 시발점이 된 동독 라이프치히 성 니콜라스교회의 기도회 이야기도 참 감동이었다. 매주 월요일 오후 5시면 시작되었던 성 니콜라스교회 월요기도회. 처음 20명 남짓 모이던 그곳에 자유를 갈망하는 이들이 늘자, 교회는 비밀경찰의 감시 대상이 되었고, 동독 정부는 기도회를 막기 위해 교회 주변을 통제하고 압력을 가한다. 이후 기도하는 숫자는 기하급수적으로 늘어나 1989년 10월 9일 7만 명, 10월 16일 12만 명, 10월 23일 30만 명에 이르기까지 자유를 갈망하는 기도의 물결은 거세지고, 교회 앞 광장으로 쏟아져 나온 이들이 외치는 말은 "Wir sind ein Volk"(우리는 한 민족이다)였다. 그로부터 2주 지난 1989년 11월 9일 베를린장벽은 무너졌다.

이스라엘은 어느 한 사람 때문에 통일의 시발점이 되었고, 독일은 어느 한 사람들이 함께 모여 기도하며 통일 독일을 이루어 냈다. 우리 모두가 그 어느 한 사람이 되도록 마음을 다하자.

※ 디아스포라(Diaspora)는 본래 팔레스타인을 떠나 세계 각지에 흩어져 살면서 유대교의 규범과 생활 관습을 유지하는 유대인을 가리키는 말이었으나, 후에 그 의미가 확장되어 본토를 떠나 타국에서 자신들의 규범과 관습을 유지하며 살아가는 공동체 집단 또는 그들의 거주지를 가리키는 말로 사용되기도 한다.(네이버 지식백과)

이수성결교회 목요복음집회

이수성결교회에서 성령의 은사와 능력을 체험하는 통로로 목요복음집회를 준비하여, 오늘(2019. 1. 24.) 참 은혜로운 첫 예배를 드렸다. 이수성결교회는 앞으로 수요예배와 금요심야기도회를 드리지 않고, 목요복음집회를 한다. 오늘 본문 말씀은 마가복음 1장 1절(하나님의 아들 예수 그리스도의 복음의 시작이라)과 요한복음 1장 1~14절이고, 박정수 담임목사님 말씀 주제는 '복음을 아십니까?'이다.

**오직 성령이 너희에게 임하시면 너희가 권능을 받고
예루살렘과 온 유대와 사마리아와 땅 끝까지 이르러
내 증인이 되리라 하시니라
- 사도행전 1장 8절 -**

성령이 임하면 복음을 증거 하는 증인이 된다. 이수성결교회 2019년 표어는 'Acts 29, 당신의 사도행전을 써가라'이다. 사도행전은 28장까지 밖에 없다. 나의 사도행전 29장을 쓰려면, 성령을 받아야 한다. 그럼 성령을 받기 위해서 무엇을 해야 할까?

> 베드로가 이르되 너희가 회개하여
> 각각 예수 그리스도의 이름으로 세례를 받고
> 죄 사함을 받으라 그리하면 성령의 선물을 받으리니
> - 사도행전 2장 38절 -

성경은 '죄를 회개하고 예수를 믿을 때 성령님이 임하신다'고 가르치고 있다. 나도 오늘 내가 그동안 지은 부끄러운 수많은 죄에 대해 고백했다. 앞으로는 이생의 자랑, 육체의 정욕, 안목의 정욕의 늪에서 나와 그리스도의 향기를 낼 수 있기를 기도했다. 나는 하나님의 자녀이다. 하나님의 자녀답게 당당히 살아가길 원한다.

> 영접하는 자 곧 그 이름을 믿는 자들에게는
> 하나님의 자녀가 되는 권세를 주셨으니
> - 요한복음 1장 12절 -

인생은 선물이다

*"나의 롤 모델은 예수님이에요.
우리 인생은 천국 가기 전에 하나님이 주신 선물 같아요.
그러니 잘 살아야겠지요."*

목사님의 설교 말씀이 아니라 내 딸이 이수성결교회 두 번째 목요복음집회 참석 후 귀가 길에 나에게 한 말이다. 딸이 "넘 좋았다."고 하니, 내가 더 행복하다.

오늘 본문 말씀은 마태복음 1장 1~16절이고, 말씀 주제는 '예수 그리스도의 계보'이다. 1절 '아브라함과 다윗의 자손 예수 그리스도의 계보라'로 시작해서 2절부터 16절까지 계속 누구는 누구를 낳고, 누구는 누구를 낳고, 마지막 16절에 '예수가 나시니라'로 끝난다.

박정수 담임목사님께서 설교 중에 나에게 본문 말씀을 통해 느낀 점에 대해 물으셨을 때, 나는 "우리와 함께 하시는 하나님"이라고 대답했다. 예수 그리스도의 족보에는 믿음의 조상 아브라함도 있지만, 기생 라합도 있고, 자신의 부하 우리야를 죽이고 그의 아내를 취해 솔로몬을 낳는 다윗 등 의인 외 죄인도 있는 보통의 가문을 통해 예수 그리스도가 태어나셨기 때문이다. 담임목사님은 본문 말씀을 통해 메시야를 보내시겠다는 언약을 이루시는 신실하신 하나님과 자신의 외아들을 십자가에 못 박혀 죽게 하실 정도로 우리들을 사랑하신 사랑의 하나님임을 알 수 있다고 하셨다. 담임목사님의 기도하는 목소리를 듣는 것만으로도 은혜이다. 이수성결교회 목요복음집회가 부흥의 불씨가 될 것으로 믿는다.

나는 오늘 저녁식사도 못 먹고 목요복음집회에 참석했는데, 일터에서 일하시느라 정신없었을 어느 집사님이 "임실에서 무공해 유기농으로 재배한 둥근 마로 전을 부쳐왔다."면서 가방에서 전을 꺼내서 주셨다. 마(미끈거리는 점액질인 '뮤신' 성분이 풍부해 위를 보호하는 효과가 탁월한 마는 '산에서 나는 장어'라는 별명이 있다.)는 먹어봤지만, 마전은 처음 먹어본다. 얼마나 맛있던지 딸과 함께 남김없이 다 먹을 뻔 했다. 오늘 참 힘든 하루를 보냈는데, 하나님께서 말씀으로, 찬양으로 그리고 그 집사님의 손길로 위로해 주심에 감사하다. 함께 기도의 자리에 와 준 사랑하는 나의 딸에게도 감사의 인사를 전한다.

> 임실에서 무공해 유기농으로
> 재배한 둥근마로
> 전을 부쳐 보았음다.! 선

수요예배의 무게

나의 사랑하는 딸 은혜는 올해 재수하고 있다.
내일 수능 보는 날인데, 오늘밤 딸은 자신이 섬기는
'우리들교회'로 수요예배 드리러 갔다.
이런 저런 핑계로 수요예배 빠졌던 나의 모습을 돌아보게 한다.
딸이 삶의 우선순위를 하나님께 두고 있음에 감사하다.
딸은 분명 오늘밤 하나님께 감사기도를 하리라.
지금까지 함께 해주신 것에 감사하고,
내일도 함께 해주실 것을 미리 감사하리라.
우리 딸이 하나님의 영광과 이웃의 유익을 위해
귀하게 쓰임 받을 것으로 믿는다.
오늘밤 참 감사한 수요예배가 될 것 같다.

> (시편 46:10)
> 이르시기를 너희는 가만히 있어
> 내가 하나님 됨을 알지어다 내가
> 열방과 세계 중에서 높임을
> 받으리라 하시도다

평안을 너희에게 끼치노니 곧 나의 평안을 너희에게 주노라
내가 너희에게 주는 것은 세상이 주는 것과 같지 아니하니라
너희는 마음에 근심하지도 말고 두려워하지도 말라
- 요한복음 14장 27절 -

결국 사랑만 남는다

김양홍 장로님께

장로님, 2018년 한 해 동안에도 이수교회를 위해 애써주시고, 기도해주셔서 감사드립니다. 따뜻한 양말 신으시고, 따수운 그리스도의 사랑 전하시는 곳으로 하나님께서 늘 인도해주시길 .. 언제나 중보하겠습니다. 한결같은 섬김의 모습 너무나 존경합니다! 2019년도에도, 잘 부탁드려요.

하나님의 사랑이 언제나 충만하시길

기도하는 마음으로 한웅규, 이혜리 집사 드림 2018.12.

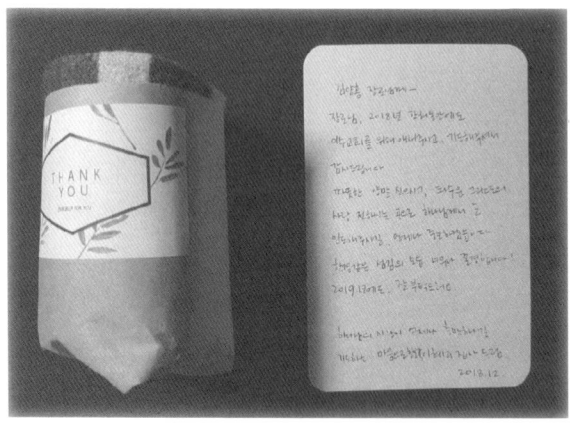

오늘 내가 섬기는 이수교회 이혜리 집사님 내외분이
나에게 양말을 선물해주면서 직접 만든 크리스마스카드에 써준 글이다.
나는 별로 성도님들에게 해드린 것도 없는데,
이런 사랑의 선물까지 받으니 참 행복했다.

오늘 박정수 담임목사님 설교말씀 중에서 하신
천국문 앞에서 주님이 2가지 질문을 하신다면, 나는 어떻게 대답할까?

① 너는 하나님 아버지의 사랑을 받아들였느냐?
② 너는 그 사랑으로 이웃을 사랑했느냐?

나는 첫 번째 질문은 곧바로 "예"라고 대답할 수 있을 수 있겠지만,
두 번째 질문에는 주저하게 된다.
나는 여전히 사랑받는 데만 익숙한 것 같다.

내가 지금 당장 만나고 싶은 사람 세 분을 꼽으라고 한다면,
돌아가신 나의 할머니 홍신순 님, 나의 아버지 김일랑 님
그리고 고등학교 은사이신 김인옥 선생님이다.
세 분 모두 나를 하늘만큼 땅만큼 사랑해주신 분들이다.
박정수 담임목사님 말씀대로, 결국 사랑만 남는 것 같다.
나도 나의 이웃들에게 지금 당장 만나고 싶은 사람
세 사람 안에 들 수 있도록
하나님으로부터 받은 사랑으로
이웃을 사랑하고 사랑하는 삶을 살자.

인생의 목적

오늘 아침 아내에게 "인생의 목적이 무엇이냐?"는 질문을 하자,
아내는 "우리 가족들이랑 행복하게 사는 것"이라고 대답했다.
아내도 나의 인생의 목적을 묻자,
나는 살기 위해서 "당신과 같다."고 했더니,
아내는 "당신은 당신 인생의 목적이 있어야 한다."고 충고한다.
그렇지만, 나의 인생의 목적도 우리 가족들이랑 행복하게 사는 것이다.
이수성결교회 네번째 목요복음집회 때 박정수 담임목사님께서
"하나님께는 영광, 이웃에게는 축복의 통로"가
우리들 인생의 목적이 되어야 한다고 하셨다.
공감하고 공감한다.
아내가 말하는 가족은 자녀와 부모형제를 의미하지만,
내가 말하는 가족은 자녀와 부모형제 외 내가 섬기는 이수교회 성도님들,
나의 분신 법무법인 서호 직원들, 내가 사랑하고 존경하는 이웃들
모두가 나에게는 가족이다.
비록 거창한 삶은 아닐지라도
내가 사랑하고 존경하는 가족들과 행복하게 사는 삶이
곧 하나님께는 영광, 이웃에게는 축복의 통로가 되는 것이라고 믿는다.

오늘도 무엇을 증명하며 사시겠습니까?
자신의 잘난 것을 증명하려고 하면 추한 인생이 됩니다.
다른 사람의 못난 것을 증명하려고 하면 한심한 인생이 됩니다.
그러나 우리 안에 계신 예수 그리스도를 증명하려고 하면

아름다운 인생이 됩니다.
- 탁영철 목사 -

기도밖에

사랑하는 가족이 아프다.
내가 대신 아프고 싶은데,
내가 무엇이든 해주고 싶은데,
내가 할 수 있는 것은 기도밖에 없다.
하나님께서 도로 낫게 하실 것임을 믿는다.
기도할 수 있어 감사하다.
사랑하는 가족과 함께 하는
하루하루가 감사하다.
지금 이 순간,
지금 이 모든 것이 감사하다.

**오라 우리가 여호와께로 돌아가자
여호와께서 우리를 찢으셨으나 도로 낫게 하실 것이요
우리를 치셨으나 싸매어 주실 것임이라
- 호세아 6장 1절 -**

하는 것과 좋아하는 것

지난 수요일 오후 용산구청에서 주관한
나눔과 실천의 평생학습 도시 구현을 위한 재능나눔 강사 워크숍에서
초청 강사님이 가르쳐 주신대로 4가지 항목 즉, '좋아하는 것과 잘하는 것,
생일, 강사에게 제일 필요한 것, 나에게 재능기부란'을 미리 적은 후
그 내용을 토대로 조원들(6명)에게 자기소개를 했다.
나는 이렇게 적었다.

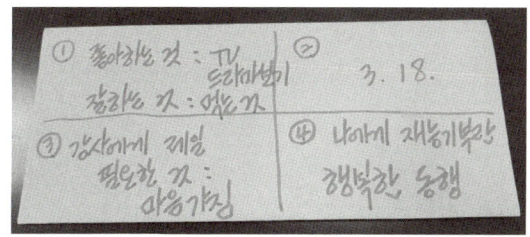

좋아하는 것 : TV 드라마 보기
잘하는 것 : 먹는 것
생일 : 3.18.
강사에게 제일 필요한 것 : 마음가짐
나에게 재능기부란 : 행복한 동행

우리 조원 중 20대 후반으로 보이는 여자 강사님이 자기 소개시간에
좋아하는 것과 잘하는 것이 '말씀 묵상과 기도'라고 했다.
나는 망치로 머리를 맞는 느낌이었다.

더군다나 그 강사님은 모태신앙인이 아닌
개척교회에 출석한지 얼마 되지 않은 초신자였다.
명색이 교회 장로인 내가 좋아하는 것이
말씀 묵상이 아니라 TV 드라마 보기이고,
잘하는 것이 기도가 아니라 먹는 것이라는 것이 참 부끄러웠다.
그 날 수요일 저녁예배시간에 상도성결교회에서
'행복한 동행'을 주제로 강의를 했는데,
강의 시작 전에 위 이야기를 먼저 꺼냈다.
하나님이 나를 통해 성도들에게
말씀 묵상과 기도 잘하라는 말을 하게끔 하신 것 같았기 때문이다.
성경말씀은 능력이고, 힘이다.
삶 가운데서 말씀 묵상을 그냥 '하는 것'이 아니라
'좋아하는 것'이 되길 소망한다.
다만, 내가 잘하는 것이 먹는 것인데,
이것은 쉽게 바뀌지 않을 것 같아 걱정이다.
나도 그 여자 강사님처럼 기도 잘하는 장로가 되도록 더 노력해야겠다.

내가 가치 있게 생각하는 10가지

2018년 11월 25일 이수성결교회 박정수 담임목사님이 빌립보서 1장 12~21절 설교 말씀 중 '내가 가치 있게 생각하는 10가지'를 써서 문자로 보내라는 숙제를 내주셨다. 담임목사님께서 "하나님이 가치 있게 생각하는 것을 가치 있게 생각하라."고 답을 유도하시기도 했고, 또한 앞으로 내가 가치 있게 생각하고 싶은 10가지를 생각해 보았다.

① 하나님의 영광과 이웃을 위해서 사는 것
② 나주옥의 남편, 은혜와 은철이의 아버지, 양가의 아들, 이수성결교회 장로, 법무법인 서호 대표변호사의 자리를 지키는 것
③ 삶이 예배가 되는 것
④ 삶이 전도가 되는 것
⑤ 은혜와 은철이가 하나님의 사람으로 살아가도록 돕는 것
⑥ 믿음의 명문가문을 이루는 것
⑦ 이수성결교회와 성도님들을 섬기는 것
⑧ 법무법인 서호가 충실히 이웃을 돕는 법인으로 자리매김하는 것

⑨ 떠난 뒷모습이 아름다운 사람으로 남는 것
⑩ 몸도 마음도 건강한 할아버지가 되는 것

담임목사님 설교말씀을 통해 바울에게서 주님의 영광을 위해 사는 인생의 목적을, 주님께서 가치 있게 여기는 곳에 나의 가치를 두는 인생의 가치관을, 주님이 기뻐하시는 곳에 내가 서 있음으로 행복을 느끼는 인생의 행복관을 배웠다. 오늘 나에게 달라진 것이 있다. 오늘 말씀을 듣기 전에는 내 인생의 목적이 열 번째 '몸도 마음도 건강한 할아버지가 되는 것'이 첫 번째였다. 그런데, 그 첫 번째가 마지막으로 바뀌었다. 내 자리를 지키자. 끝까지!!

**우리가 살아도 주를 위하여 살고 죽어도 주를 위하여 죽나니
그러므로 사나 죽으나 우리가 주의 것이로다
- 로마서 14장 8절 -**

하나님께 드리는 편지

하나님 아버지

평안하시지요? 죄 많고, 한 없이 부족한 저를 25년 전 제3사관학교 '충성대성당'에서 세례 받게 하시어 하나님의 자녀로 삼아주셨는데, 이렇게 25년이 지나서야 하나님께 편지를 씁니다. 제가 섬기는 이수교회 박정수 담임목사님이 "하나님께 사랑과 감사의 편지를 써보라"는 숙제를 내주지 않았다면 아마 평생 하나님께 편지 한 통 쓰지 않았을 것인데, 이렇게라도 하나님께 편지를 쓰게 되어 기쁩니다.

제가 저의 육신의 아버지(김일랑)를 많이 사랑하지만, '두란노 아버지학교' 다닐 때 내준 숙제로 아버지에게 편지 써 본 것 외에는 편지 쓴 기억이 나지 않습니다. 그러니까 제가 그동안 하나님 아버지께 편지 안 썼다고 너무 나무라지는 마십시오. 원래 세상의 아들들은 무심(無心)하답니다.

먼저 저를 하나님의 자녀로 삼아 주신 것에 대해 '겁나게' 감사합니다. 그

동안 감사의 마음을 하나님께 기도할 때 말로만 했는데, 이렇게 편지로나마 그 마음을 표현을 할 수 있어 참 좋습니다. 그리고 저는 하나님 아버지께 감사의 마음을 담아 맛있는 식사를 대접하고 싶은데, 하나님이 저의 눈에 안보이시니 제가 섬겨야 할 분들을 하나님이 하나님 대신 보낸 분들로 알고 기회 있을 때마다 대접하겠습니다.

하나님의 외아들 예수께서 주신 요한복음 3장 16절 말씀, '하나님이 세상을 이처럼 사랑하사 독생자를 주셨으니 이는 그를 믿는 자마다 멸망하지 않고 영생을 얻게 하려 하심이라'는 말씀을 믿습니다. 또한 '예수께서 이르시되 내가 곧 길이요 진리요 생명이니 나로 말미암지 않고는 아버지께로 올 자가 없느니라'는 말씀도 믿습니다. 저는 믿는데, 세상 많은 사람들은 그 말씀을 믿지 않습니다.

저도 저의 이웃들에게 예수님의 말씀을 전하고 싶은데, 생각이 너무 많아서인지 주저하게 됩니다. 아마 저의 삶이 예수님처럼 바울처럼 살지 못하기 때문에 그렇게 주저하고 주저하는 것 같습니다. 저의 삶이 예배가 되고, 저의 삶이 기도가 되고, 저의 삶이 전도가 되고, 저의 삶이 봉사가 되게 해주십시오.

저는 늘 하나님께 달라는 기도만 한 것 같습니다. 그래서 하나님께 보낸 편지에서만큼은 달라는 말은 하지 않겠다고 다짐했는데, 이렇게 또 하나님께 해달라는 글을 쓰고 있습니다. 널리 이해해 주십시오. 사람의 습관은 쉽게 변하는 것이 아닌 것 같습니다. 아무튼 기왕 저에게 습관을 주시려거든, 다니엘이 자기 목숨을 내놓고 '전에 하던 대로' 하루 세 번씩 무릎을 꿇고 하나님께 기도했던(다니엘 6장 10절) 그 습관을 저에게 주십시오.

2018년 크리스마스가 9일 남았습니다. 세상 사람들은 석가탄일은 부처님이 태어난 날로 잘 알고 있으면서, 크리스마스는 예수님이 태어난 날이 아닌 산타크로스 할아버지가 선물 주는 날로 알고 있는 것 같아 안타깝습니다. 올해 성탄절에는 더 많은 사람들이 하나님께서 예수님을 이 땅에 보내신 이유를 알기를 소망합니다. 그리고 이 땅에 사는 크리스천들도 우리 죄를 대속하기 위해 십자가에 못 박혀 돌아가신 예수님의 그 사랑을 전하는데 마음과 뜻을 다할 수 있기를 기도합니다.

예수께서 주신 요한삼서 1장 2절, '사랑하는 자여 네 영혼이 잘됨 같이 네가 범사에 잘되고 강건하기를 내가 간구하노라'는 말씀이 저의 귓가를 맴돕니다. 예수님의 그 간구가 저의 간구가 되고 하시고, 저의 이웃들의 간구가 되게 하소서.

하나님 아버지께 쓰는 첫 편지이기에 다정다감하게 쓰려고 했는데, 너무 딱딱한 내용만 나열한 것 같아 죄송합니다. 그렇지만, 제가 육신의 아버지를 사랑하는 것 이상으로 하나님 아버지를 많이 사랑한다는 것만 꼭 알아주십시오. 늘 강건하소서.

Merry Christmas!

2018년 12월 16일 주일 늦은 저녁

하나님 아버지를 겁나게 사랑하는
김양홍 올림

제4편 이런 저런 이야기

모든 나무는 꽃을 피운다

자연과 조화를 이룬 가장 한국적인 궁궐로
세계문화유산으로 등록된 창덕궁 후원에 봄나들이 다녀왔다.
2016년 새해 첫날 후원에 갔을 때는
후원 부용지에 얼음이 얼어 있었고,
나무들도 벌거벗은 상태였는데,
오늘 만난 후원은 꽃단장한 새색시가 되어 있었다.

"모든 나무는 꽃을 피운다."

후원 해설사의 말이다.
꽃은 서로가 서로를 시샘을 하지 않는다.
자기의 때에 자기의 꽃을 피울 뿐이다.
그리고 자신만의 열매를 맺는다.
열매의 크기도 중요하지 않다.
열매는 다 중요하기 때문이다.
우리들 삶도 마찬가지이다.
우리는 각자 자신의 꽃을 피우면 된다.
김양홍은 김양홍의 꽃을 피우면 된다.
후원 입구에 핀 살구꽃, 홍매화, 진달래, 배꽃,
후원 곳곳에 있는 목련, 황매화, 벚꽃,
진달래와 개나리, 제비꽃 등
크고 작은 꽃들이 서로 연락이나 한 듯
동시에 꽃을 피웠다.
핸드폰으로는 눈으로 보이는 그 꽃들을
그대로 담을 수가 없다.
눈은 마음까지 담기 때문이다.
어제 비가 와서 그런지 하늘이 너무 좋다.
꽃도 하늘도 좋지만, 사람이 더 좋다.
꽃은 지지만 사람은 지지 않는다.
사람이 꽃 보다 아름답다.

해피 바이러스

"무한 긍정의 삶을 살고 싶어요.
우울하거나 좌절하지 않고, 어떤 상황에서도 포기하지 않고
나는 할 수 있다고 외칠 수 있는 무한 긍정의 사람이 되고 싶어요.
또한 해피 바이러스가 되고 싶어요.
다른 사람에게 기쁨과 행복을 줄 수 있는 사람이 되고 싶어요.
그러기 위해서는 저부터 사랑해야겠어요."

오늘밤 내 딸이 나에게 해 준 말이다.
내가 딸의 생각 속에 들어가 딸의 입을 통해
내가 하는 말 같아서 깜짝 놀랐다.
해피 바이러스는 행복을 일으키는 바이러스이다.
국어사전에 해피 바이러스라는 단어가 없어서 내가 만든 개념 정의다.
딸은 재수생활을 하면서 이미 나에게 해피 바이러스가 되었다.
딸은 이제 이 세상에 나가서도
해피 바이러스가 되고자 다짐하고 있는 것이다.
우리 부부가 밤마다 기도했던대로,
딸 스스로 축복의 통로가 되겠다고 외치고 있는 것이다.
딸은 기도 제목이 아니라 기도 응답이 되어 가고 있는 것이다.
딸의 바람대로, 이 세상을 행복하게 만드는
멋진 해피 바이러스 전파자가 될 것으로 확신한다.
해피 바이러스 딸의 모습을 통해
우리 하나님이 온전히 들어나기를 간절히 기도한다.

단점마저도

"단점마저도 사랑하는 것이
사랑이라는 것을 깨달았어요."

오늘 아침 딸이 나에게 한 말이다.
이번 주일 아침 가정예배를 드릴 때
딸이 나에게 이런 충고를 했었다.
"우리는 거룩한 삶을 살아야 하는데,
아빠는 행복에 너무 치우쳐 있는 것 같아요."
그 때 나는 "은혜(딸의 이름)의 인생이 있듯이,
아빠의 인생이 있는 거다."라는 대답을 했었다.
그리고 오늘 아침식사하면서 딸이 충고를 남발(?)하는 것을
예방하는 차원에서 "딸이 아빠를 가르치려 하는 것은
적절하지 않는 것 같다."고 조언해줬다.
그랬더니 식사 후 나에게 위와 같은 말을 한 것이다.
딸의 말처럼 단점마저도 사랑하는 것이 사랑이다.
나에게 단점이 있다는 것이 참 감사하다.
오늘 아침 나는 딸 때문에 행복하다.

초파리가 살면 얼마나 산다고

아내가 집에서 날아다니는 초파리를 잡자, 딸과 내가 한 말이다.
"초파리가 살면 얼마나 산다고 …"
그래서 찾아봤다. 과연 초파리는 며칠이나 살까?
네이버에 물어보니, 황색 초파리 성충의 경우 봄여름에는 14~45일,
겨울에는 4개월 전후 산다고 한다.
초파리에게는 미안하지만, 생각보다 오래 사는 것 같다.
초파리는 전 세계에 약 65속, 3,000종이나 되고,
암컷 1마리가 낳는 알은 400~900알 정도라고 한다.
초파리는 2~5mm 밖에 안 되는 아주 작은 동물이지만,
몸이 머리, 가슴, 배로 나뉘고, 다리가 6개이고,
발달한 앞날개 1쌍과 퇴화된 뒷날개가 있다.
정말 대단하지 않은가?
초파리는 작은 동물이 아니라 하나의 작은 우주이다.
진화론으로는 도저히 설명되지 않는 분명 하나님의 창조물이다.
초파리가 대단한 동물이라면 우리 인간은 얼마나 소중한 존재인가?
내 곁에 있는 모든 사람들이 이 우주에 단 한 사람밖에 없는
소중하고 귀한 존재이다.
내가 세상 끝 날까지 섬겨야 할 분들이다.

하나님과 감사

To. 사랑하는 엄마
엄마, 생신 축하드려요!
늘, 항상 엄마가 제 엄마여서 하나님께 감사해요.
꽃길만 걷게 해드리고 싶은데
제가 너무 부족한 죄인이라 매번
심려를 끼쳐 드려서 죄송해요.
그렇지만 최선을 다하는 멋진 딸이 될께요.
너무 너무 사랑하고 축복합니다.
From. 딸 은혜

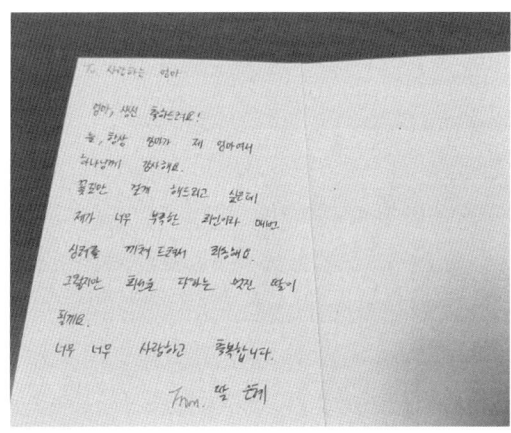

엄마께,
엄마 생신 축하드려요!
작년 생일이 엊그제 같았는데 벌써 1년이 지났네요.

우리 엄마 항상 건강하시고 행복이 가득하시길 기도할 게요.
저도 이제 고3 수험생이라 걱정이 많으실 텐데
누나 대학 들어갔으니까 부담 좀 덜으시고
너무 걱정하거나 스트레스 받지 마세요.
수능 잘 치게 생긴 엄마 아들 아니겠습니까!!
1년이 짧다는 걸 아니까.
내년 엄마 생신 때 편지를 쓰는 제 모습이 그려지는 것 같아요.
그땐 아마도 우리 모두 수능의 위협에서 벗어나 있을 테니까
기분이 좋겠죠?!!
항상 범사에 감사하는 하나님의 어린 양 은철이가,
나이를 먹고 언젠가 또 다른 새끼 양을 낳을 때까지
그리고 그 이후에도
항상 엄마만의 자랑스러운 아들이 되도록 노력할 게요.
엄마 사랑하고 생신 축하드려요!!
2018. 12. 26.
- 아들 은철 올림

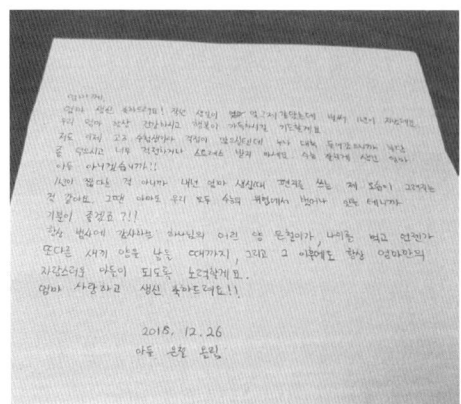

어제 나의 딸과 아들이 아내에게 쓴 생일 축하 편지다. 하나님께 감사, 최선을 다하는 멋진 딸, 기도할께요, 항상 범사에 감사하는 하나님의 어린 양 ... 나의 딸과 아들이 쓴 단어의 나열만으로도 행복하고 감사하다. '하나님'과 '감사'만 있으면 행복하게 살 수 있다. 우리 은혜와 은철이가 계속 그 행복의 길을 걸어가기를 기도한다.

이른 아침 제11사단 9여단으로 '군대 인권과 행복한 동행' 강의 가는 길이다. 제21사단과 함께 작년에 이어 두 번째로 나를 불러준 군부대이다. 부대 앞 '황구생각' 식당이 있는 곳이다. 지난해 12월 강의 갔다가 식당에 들렀을 때 식당 주인이 "밥 먹고 부족하면 더 먹으라."고 미리 공기밥 하나 더 갖다 주시고, 밥값도 더 안 받으셨다. 말 그대로 '행복한 동행'이다. 나의 딸과 아들 그리고 공기밥 하나 때문에 오늘은 어제보다 더 행복할 것 같다.

오하당

'오하당' 제과점 이름 같지만,
CBS 음악 FM 93.9MHz(07:00~09:00)
'김용신의 그대와 여는 아침' 인사말이다.
'오늘 하루도 당신 거에요'의 줄임말이다.
요새 재수하는 딸 학원에 데려다주면서 듣는 라디오방송이다.
오늘 아침은 방탄소년단의 UN총회 연설에 대해 이야기하면서
'자기 자신을 사랑할 줄 아는 사람이 남을 사랑할 수 있다'는 것에 대해 서로 공감했다.
딸이 학원에 내릴 때 외치는 구호 3가지가 있다.
"신에게는 12척의 배가 남아있습니다."

"오하당"
"대만"
"대만"은 딸이 이번 수능을 잘 보게 되면,
올해 11월 말 아내가 대만 학회 참석할 때 딸이 동행하기로 했기 때문에 그것을 위해 외치는 구호이다.
딸의 대만행을 간절히 기원한다.
"우리 은혜, 오하당!!"

What is your name? Speak yourself.
당신의 이름은 무엇입니까?
당신의 이야기를 들려주십시오.
- 방탄소년단 리더 김남준 UN총회 연설 -

얼마나 다행이냐

오늘 아침 07:20 딸과 함께 집을 나섰다.
딸은 학원으로,
나는 서울변협에서 주관한 중국어수업 받으러 가는 길이다.
딸이 구반포역 입구에서 전철이 이미 도착해 있다는
전광판 표시를 보고, 아쉬워하면서 탄식을 했다.
그래서 내가 "얼마나 다행이냐?"라고 반문했다.
구반포역은 급행열차가 서지 않은 역이라서 일반열차가 띄엄띄엄 선다.
만약 우리가 역 입구에 도착하자마자 열차가 떠났다면 아쉬운 것이고,
열심히 뛰어서 승강장까지 내려갔는데,
막 출발했으면 얼마나 속상하고 아쉬울까?
다행히 열차를 타려고 급하게 될 필요도 없고,
열차가 방금 출발했다는 것을 알기에 열차가 늦게 온다고
조급한 마음도 안들 것 아닌가?

엊그제 내가 혜화동 주민센터에서 '행복한 동행'강의할 때
"무엇이 행복인가?"라는 질문에
어느 할머니께서 "이렇게 걸을 수 있고,
강의들을 수 있는 것이 행복이다."라는 명답을 말씀하셨다.
어떤 상황에서도 "다행이다"라는 마음을 갖는 것이
행복하게 사는 지름길 아닐까?
오늘 하루 "얼마나 다행이냐"로 시작해서
"참 다행이다"로 마쳐지기를 소망한다.

얼마나 다행한 일인가
인생에서 가장 중요한 것이
결국 행복이라는 사실이
- 박노해 -

많이 주는 자가 부자이다

많이 갖고 있는 자가 부자가 아니다.
많이 주는 자가 부자이다.
하나라도 잃어버릴까 안달을 하는 자는
심리학적으로 말하면 아무리 많이 갖고 있더라도
가난한 사람, 가난해진 사람이다.
자기 자신을 줄 수 있는 사람은 누구든지 부자이다.
- 에리히 프롬 '사랑의 기술' 중에서 -

맞는 말이다.
주는 것은 돈만이 아니다.
사랑을 줄 수도 있고, 열정을 줄 수도 있다.
내 곁에 있는 태종약품 윤철수 상무 부부는
늘 사랑을 주려고만 하는 부부다.
그래서 윤상무 부부를 만나면 만나는 시간뿐만 아니라
만남 후에도 입가에 미소가 저절로 머문다.
나는 남성이고, 동성애가 있는 것도 아닌데,
윤상무가 참 좋다.
윤상무 부부는 '행복쟁이들'이다.
마음 부자 곁에 있으니 나도 점점 마음 부자가 되어가는 것 같다.
주말인 오늘 그 행복쟁이들을
이화동 벽화마을에서 부부 동반으로 만나기로 했다.
오늘만큼은 내가 받은 대로 되갚아 주고 싶다.

친구는 사랑이 끊어지지 아니하고
형제는 위급한 때를 위하여 났느니라
- 잠언 17장 17절 -

하지 못한 첫 주례사

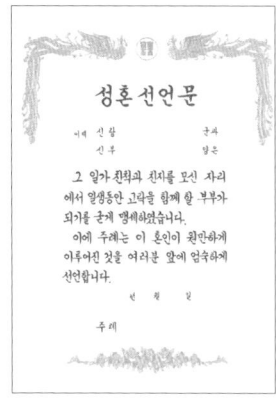

신랑 OOO 군과 신부 OOO 양의 결혼을 축하하고, 축복합니다. 저의 생애 첫 주례사를 하게 해주신 하나님께 감사합니다. 주례가 처음이다 보니 신랑신부 보다 제가 더 긴장되는 것 같습니다. 제가 한달 전 쯤 신랑신부를 만나 주례사를 미리 이야기 해주면서, 3가지 숙제를 내줬습니다. 그 3가지 숙제는 ① 신랑이 신부에게, 신부가 신랑에게 편지 쓰기, ② 각자의 버킷리스트 10가지 준비하기, ③ 각자의 부모님께 편지 쓰기 입니다. 제가 신랑신부에게 미리 말해준 주례사에다가 양념을 더해서 말씀드리겠습니다.

첫째, 서로가 서로에게 종이 되어, 순종하십시오.

상대방에게 덕 보려고 하지 말고, 상대방에게 무엇을 해줄지만 생각하십시오. 상대방을 나의 주인으로 알고, 늘 상대방의 '낯'을 살피십시오. 서로의 다름을 인정하고, 존경하기를 서로 먼저 하십시오. 화가 나서 한 행동들은 쉽게 잊혀 지지만, 화가 나서 한 말들은 오래가는 법입니다. 사랑의 말이 아니면, 말문을 닫으십시오. 특히 신부는 맛있는 것 있으면 자식 먼저 주지 말고, 꼭 신랑 먼저 주십시오. 자식이 보고 배웁니다.

둘째, 나라를 사랑하십시오.

자식은 부모를 닮게 되어 있습니다. 저는 긴바지를 입고 잘 때 오른쪽 다리 바지를 올리고 자는 버릇이 있는데, 저의 아들도 그렇게 자는 모습을 봤습니다. 부전자전입니다. 부모가 나라 사랑하는 마음이 있어야 자식들도 나라를 사랑하는 위대한 대한민국의 아들딸로 성장할 것입니다.

셋째, 이웃을 사랑하십시오.

신랑 어머니 OOO 여사는 354D지구 20122012 OO라이온스클럽 회장을, 신부 어머니 OOO 여사는 354C지구 2002003 OO라이온스클럽 회장을 역임하셨습니다. 라이온스클럽의 모토가 "We serve! 우리는 봉사한다!"입니다. 신랑과 신부는 어머님들을 본받아 이웃을 사랑하고, 이웃을 위해 봉사하십시오. 부모형제와 이 자리에 계신 하객 여러분들도 두 분이 평생, 마음을 다하여 섬겨야 할 소중한 이웃임을 명심하십시오.

넷째, 범사에 감사하십시오.

"항상 기뻐하라 쉬지 말고 기도하라 범사에 감사하라 이것이 그리스도 예수 안에서 너희를 향하신 하나님의 뜻이니라"데살로니가전서 5장 16~18절 말씀입니다. 범사에 감사할 수 있는 마음만 있으면, 이 세상 행복하게 살 수 있습니다. 시련이 왔을 때 범사에 감사하는 마음으로 잘 극복하시기 바랍니다. 고난은 변형된 하나님의 축복임을 명심하십시오.

다섯째, 꿈을 꾸십시오.

꿈꾸는데 돈 드는 것도 아니기 때문에 기왕이면, 큰 꿈을 꾸십시오. 신랑의 버킷리스트 10가지 중 첫 번째는 '모범이 되는 성실한 가장 되기'이고, 그 외 '출입국관리소 도장으로 여권 10권 채우기, 스포츠 수집품 박물관 만들기' 등의 꿈이 있습니다. 신부의 버킷리스트 10가지 중 첫 번째는 '건강한 아이의 엄마 되기, 지혜롭고 이야기 잘하는 할머니 되기'이고, 그 외 '올해의 젊은 작가로 등단하기, 스위스에서 한 달 살기' 등의 꿈이 있습니다. 신랑신부의 꿈이 참 멋지고, 아름답습니다. 꿈은 그렇게 서로 이야기해야 합니다. 말은, 씨가 되어 자라기 때문입니다. 신랑은 신부의 꿈을, 신부는 신랑의 꿈을 늘 기억하고, 응원해주십시오. 그리고 이 자리에 계신 부모님과 하객 여러분들도 신랑신부가 꿈꾸는 것들을 모두 이룰 수 있도록 많이 도와주십시오.

사랑이란, 그가 진짜로 원하는 그가 되게 하는 것입니다. 성공한 사람보다는 '소중한 사람'이 되십시오. 저도, 두 분이 서로 마음과 뜻을 합하여 세월이 갈수록 하나님을 기쁘시게 하고, 이웃을 행복하게 하고, 이 세상을 아름답게 만들어 가는 성가정을 이루도록 기도하겠습니다.

끝으로 한 마디만 더 하겠습니다. 두 분은 저의 첫 번째 주례의 신랑신부입니다. 사명감 갖고, 잘 사십시오. 이 세상 끝 날까지, 행복하시기 바랍니다. 사랑하고 축복합니다. 감사합니다.

아내와 스마트폰의 전쟁

"난 당신을 맨날 쳐다보는데, 당신은 늘 스마트폰을 쳐다봐요. 당신이 날 이렇게 바라보는 것, 오랜만인 것 같아요."

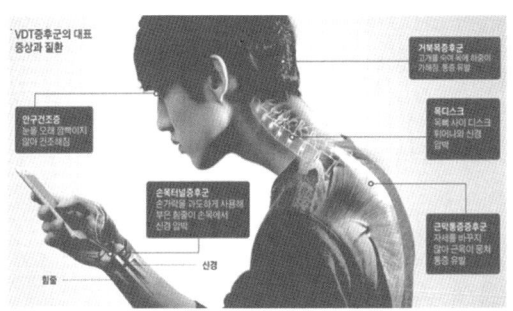

2018년 9월 마지막 주일 아침 아내가 나에게 한 말이다. 옛날에는 스마트폰이 없이도 잘 살았는데, 지금은 스마트폰 없이는 살 수 없을 것 같다. 나도 일어나자마자 성경 보다는 스마트폰을 먼저 찾는다. 아내는 남편을 스마트폰에 빼앗겼다고 불만이다. 여전히 나는 오늘 스마트폰으로 글을 쓰고 있다. 참 큰일이다.

미국 시장 조사 기관 퓨리서치가 37개국 40,448명을 대상으로 2017년 조사한 결과를 토대로 최근 펴낸 보고서에 따르면, 스마트폰을 보유한 성인의 비율에서 우리나라는 94%를 기록하며 1위를 차지했다. 또한 우리나라는 인터넷 침투율 즉, 주기적으로 인터넷을 쓰거나 스마트폰을 소유한 성인 비율에서도 96%를 기록하며 단연 세계 최고였다.(연합뉴스 2018. 6. 24.자 기사)

아마 우리나라는 VDT증후군도 세계 1위 아닐까? VDT증후군(Visual Display Terminal Syndrome)이란 스마트폰이나 컴퓨터 모니터와 같은 영상

기기를 오랫동안 사용해 생기는 눈의 피로, 어깨·목 통증 등 증상을 통칭하는 용어다. 안구건조증, 거북목증후군이나 어깨·목 통증 등이 모두 VDT 증후군의 증상에 포함된다. 건강을 위해서라도 스마트폰 사용을 줄여야 한다.

어른인 나도 스마트폰 사용 절제가 안 되는데, 우리 아이들에게 스마트폰 사용을 절제하라고 하는 것은 앞뒤가 안 맞는 말이다. 나부터 절제하자. 다이어트는 내일부터 할지라도, 스마트폰을 멀리하는 것은 오늘부터 하자.

만남의 단비

　이수성결교회 2018 가을 특별새벽기도회 주제가 '내 인생의 단비'이고, 첫째 날인 오늘 말씀 주제가 '만남의 단비'이다. 오늘 본문 말씀은 삭개오가 예수님을 만나는 장면이 나오는 누가복음 19장 1~10절 말씀이다. 예수님이 여리고 성을 들어가 지나가실 때 세리장이요 부자인 삭개오가 예수님을 보고자 하되 키가 작고 사람이 많아 할 수 없어 앞으로 달려가서 보기 위하여 돌무화과나무에 올라가니 예수께서 그 곳을 쳐다보시고 삭개오에게 내려오라 하시면서 "오늘 네 집에 유하여야 하겠다"고 하자, 삭개오가 예수께 "내 소유의 절반을 가난한 자들에게 주겠사오며 만일 누구의 것을 속여 빼앗은 일이 있으면 네 갑절이나 갚겠나이다"라고 한다. 이에 예수께서 "오늘 구원이 이 집에 이르렀으니 이 사람도 아브라함의 자손임이로다 인자가 온 것은 잃어버린 자를 찾아 구원하려 함이니라"라고 하신다.

어떤 사람이 구원을 받는가? 구원을 받으면 어떤 변화가 일어나는가? 이름값도 못하는 사람이 구원을 받고, 은혜를 사모하는 사람이 구원을 받는다. 삭개오라는 이름의 뜻은 '깨끗한 자, 의로운 자'라고 한다. 삭개오는 자신의 이름값도 못했던 자인데, 예수님을 보고자 했고, 달려가서 보기 위하여 돌무화과나무에 올라가서 결국 주님으로부터 구원을 받았다. 구원을 받으면 '영적인 변화, 가치관의 변화, 행동의 변화, 관계의 변화'가 일어나고, 나는 죽고 예수로 산다.

이수성결교회 박정수 담임목사님의 설교말씀이다. 나는 지금 나는 죽고, 예수로 살고 있는가? 여전히 나는 육신의 정욕과 안목의 정욕과 이생의 자랑 속에서 살고 있다. 박정수 담임목사님 말씀대로, 나는 오늘 하루 종일 예수님과의 만남에 대해 생각해 봤다.

중학교 동창 한창용을 따라 고등학교 때 생애 처음으로 은광교회에서 예배드리고, 1987년 대학교 1학년 때 좋은 선배 따라서 네비게이토(Navigators)선교회 모임을 통해 성경 공부(만)하고, 군법무관임용시험에 합격한 후 1993년 제3사관학교에서 장교 훈련받을 때 충성대성당에서 3개월간 교리 공부를 하여 세례 받고(세례명 마태오) 냉담하다가 1998년 11월 15일 아내를 만난 다음 주부터 지금까지 교회에서 예배를 드렸고, 2017. 4. 30. 이수성결교회에서 장로 장립되었다.

나는 아내가 섬기는 광주 서현교회에서 혼인예식을 드리기 전에 백골부대에서 군종참모로 재직하셨던 서상범 신부님 주례로 쌍용성당(제2군단)에서 관면혼배(寬免婚配)를 먼저 했었는데, 오늘 사랑이 많으신 그 서상범 신부님을 만나 뵈었다. 서상범 신부님은 신부가 되신 지 31년 중 국방부 군종실장 등 28년간 군에서 계시다가 최근에 대치동성당 주임신부로 부임하셨다. 서상범 신부님을 만나 사랑의 대화를 나누다 보니 하루 종일 '만남의 단비'를 맞은 기분이다.

내가 예수님을 영접한 것은 우연 같지만, 지금 생각해 보면 결코 우연이 아니다. 나를 위해 기도해 주었던 친구 한창용의 기도가 있었고, 네비게이토에서 성경 공부를 인도했던 서재덕 선배의 기도가 있었고, 믿음의 배우자를 만나게 해달라고 했던 나의 아내(나주옥)와 장모님(정성남)의 기도가 있었고, 서호교회에서 말씀으로 양육해주신 지형은 목사님의 기도가 있었고, 관면혼배를 집례해주신 서상범 신부님의 기도가 있었다.

나도 이제 빚진 자의 마음으로 누군가를 위해 더 기도하고, 또 기도해야겠다. 우리 은혜와 은철이 그리고 나의 이웃들에게 나와의 만남을 감사할 수 있도록 나는 죽고 예수로 사는 삶을 충실히 살아야겠다. 아버지가 지어주신 김양홍(어질 良, 횃불 烘)이라는 이름을 먹칠하지 않도록 잘 살자. '사울'(이름의 뜻 : 큰 자)이 '바울'(이름의 뜻 : 작은 자)이 되었듯이, 나도 지금 서 있는 이 자리에서 더 작은 자가 되고 싶다.

이와 같이 행함이 없는 믿음은 그 자체가 죽은 것이라
- 야고보서 2장 17절 -

그래서 가족이다

올해 나의 아버지 김일랑님의 연세가 팔순이다. 그래서 동생들과 함께 신안 압해도에 있는 펜션을 빌려 1박 2일(2018.3.16.~17.)을 함께 보내기로 했다.
압해도는 신안군의 총 1004개(유인도 73개, 무인도 931개) 섬 중 하나로 남쪽으로는 목포 유달산을 바라보고 있다.
부모님과 첫째와 둘째 여동생 내외, 남동생 내외, 고종사촌 남동생과 여동생, 우리 부부 그리고 조카들 5명이 함께 했다.
우리가 묵은 펜션은 둘째 매제인 하린 시인의 제자 전진자 시인이 운영하고 있는 '신안배 정보화마을'이다.
전진자 시인은 올해 무등일보 신춘문예 詩 부분에 당선되었다.
배따기 체험, 갯벌 체험, 모내기 체험도 할 수 있고, 인조잔디가 깔린 미니 축구장과 족구장도 있다.
오후 4시경 KTX로 목포역에 도착하자 둘째 여동생 내외가 마중 나와 있었다.
펜션에 도착한 후 전진자 시인이 자신의 詩 스승의 가족들이 왔다고, 세발낙지를 한 박스 준비해 주셔서 산 낙지를 참 맛있게 먹었다.
역시 시골인심이다.
이후 어머니와 아내는 지천에 널린 냉이를 캤고, 나는 고종사촌 남동생과 여동생, 둘째 매제와 함께 김대중대교를 건너가 도원선착장에서 낚시를 시작했는데, 물고기들이 인사조차 하지 않아 금방 낚시대를 접었다.
첫째 여동생은 하고 있는 요양보호사 일도 바쁠텐데, 구워 먹을 고기 외 닭죽, 홍어무침, 오이무침, 새로 담은 김치, 된장국, 닭발, 식혜 등 먹거리를 모두 손수 준비해 왔다.
정성이 담겨서 그런지 다 맛있었다.
특히 식혜는 맛이 예술이다.
온 가족이 밥상에 둘러 앉아 아버지에게 생신 축하노래를 불러드리니 아버지께서 참 좋아하셨다.
초등학교도 중퇴하신 아버지이시지만, 광주 동구청 환경미화원으로 24년 간 근무하시면서 우리 4남매를 모두 훌륭하게 잘 키우셨다.
아버지를 생각하면 늘 마음이 아프다.
그리고 감사하고 감사한 마음뿐이다.
저녁밥상을 치우고 나서 6명이 모여 동양화 맞추기(?) 놀이를 하다가 밤 10시경 첫째와 둘째 매제, 고종사촌 남동생과 함께 다시 낚시대를 들고 김대중대교 위에서 낚시를 했으나, 입질 한 번 받은 것이 전부였다.
원래 낚시는 세월을 낚는 것이고, "꽝"이 대부분이라고 위로하면서 자정이 되기 전에 낚시대를 접었다. 시원한 바닷바람이 좋았고, 흐려서 보일 똥 말 똥 한 별이 너무나 아름다웠다.

아침에 일어나 첫째 여동생이 준비해온 전복을 넣은 맛있는 닭죽으로 아침 식사를 하고, 미니 축구장에서 나와 둘째 매제, 남동생이 한 편이 되고, 아내, 여동생, 고종사촌 남동생과 여동생, 조카 2명이 반대편이 되어 축구를 했는데, 결국 우리 팀이 7:6으로 이겼다.
얼마 뛰지도 않았는데, 숨이 찼다.
가족들과 함께 뛰는 것만으로도 행복했다.
전진자 시인이 뽕잎차를 대접해 주셨다.
단체사진을 찍고, 천사(1004)섬 분재공원에 들렸다.
분재공원에 가는 길에 압해도에서 유명한 찹쌀 꽈배기 빵 집에 들려 그 빵집에 있는 꽈배기를 모두 싸 달라고 했더니,
주인왈, "다른 사람도 먹어야 한다"면서
1인당 10,000원어치밖에 안 판단다.
그 찹쌀 꽈배기를 먹어 본 후에야 그 주인이 한 말이 이해되었다.
천사섬 분재공원은 김 양식장이 한 눈에 내려다 보이는 송공산 기슭 10ha 부지에 수많은 분재와 조각 작품들, 야생화원, 미술관 등이 들어서 있는데, 여유롭게 산책하기에 딱 좋다.
점심때가 되어 목포시 북항에 들려 맛있는 회를 먹고, 최근에 잘 조성한 북항노을공원에 들려 낚시가 금지된 지역을 살짝 벗어난 곳에서 또 낚시대를 폈다.
조카들은 미니 자동차와 전동 자전거를 빌려서 신나게 타고 놀았고, 나와 둘째 매제와 고종사촌 남동생 낚시꾼 3명은 혹시나 하는 마음으로 릴 낚시대 끝을 주시했다.
그러나 역시 "꽝"이었다.
북항에서 가족들과 헤어진 후 우리 부부는 둘째 매제 승용차에 동승하여 둘째 매제가 살고 있는 평택까지 갔다가 평택대학교 앞에서 고속버스를 타

고 상경했다.
강남고속버스터미널에 도착했을 때 아버지로부터 전화가 왔다.

아버지 : 오늘 양수(남동생 이름)가 아는 사람들이 많이 왔다.
나 : 아버지, 다 우리 가족이에요.
아버지 : 그래?
아버지 : 정말 고맙다.

아버지는 치매가 걸리셔서 함께 한 가족들이
가족인 것조차도 기억하지 못하신 것이다.
마음이 아프고 아프다.
올 8월 초 고종사촌 남동생이 살고 있는 신태인읍에서 다시 모이기로 했다. 고종사촌 남동생이 농사지을 수박과 참외를 먹기 위해서다.
수로(水路)에서 잡힌다는 빠가사리(동자개)와 메기 얼굴도 보고 싶다.
"정말 고맙다"라는 아버지의 말씀이 귀에 쟁쟁하다.
아버지와 어머니의 건강과 평안을 기도했다.
1박 2일 함께 해준 가족들 때문에 행복했다.
그래서 가족이다.

끌레도르와 초록매실

참고인 조사에 변호인으로서 참여하기 위해 대구에 가는 길이다.
나는 '전국구'라서 목포, 제주, 부산, 마산, 강릉, 서산 등
의뢰인이 원하는 곳이라면 어디든지 간다.
지방 재판이나 수사 참여는 나름의 즐거움이 있다.

전에 목포법원 재판 갈 때 의뢰인께서 갈 때마다 내가 좋아하는 '민어회'를 사주셔서 목포법원 재판을 손꼽아 기다린 적도 있다. 또한 지방 갈 때마다 나를 행복하게 하는 것 중에 하나가 아이스크림 먹는 즐거움이다.

오늘도 아이스크림 끌레도르(CLEDOR)와 음료수 초록매실을 샀다.
앉자마자 아이스크림에게 찐한 뽀뽀를 했다.
뽀뽀를 몇번 안했는데, 금방 사라졌다.
아쉽다. 좀 더 아껴서 먹을 걸 …
서울역 승차장 입구 가게 이름이 '프랑스에 다녀온 붕어빵'이다.
이름이 이쁘다.
달리는 KTX 창 밖으로 보여지는 풍경이 좋다.
노란색으로 물들어가는 벼가 참 이쁘다.
따스한 햇살이 졸음과 함께 온다.
오늘 참고인 조사를 잘 마치기를 기도한다.

이실직고(以實直告)

오늘 오후 급하게 변호사 선임되어 기도로 시작해서 기도로 마친
성폭력위반사건(주거침입 준강간미수) 구속영장실질심사에서
중범죄인데도 방금 구속영장이 기각되었다는 소식을 들었다.
피의자가 헌병수사 단계에서는 모든 범행을 부인했는데,
변호인 접견시 기도해드리자 울면서 회개했고,
법정에서도 군판사님이 피의자의 진정어린 회개의 눈물을 살펴주셔서
구속영장 기각까지 해주신 것 같다.
다 하나님의 은혜이다.
자고로 형사사건은 이실직고(以實直告)가 정답이다.

행복은 말에서부터 온다

오늘 오전 멀리 전라남도 해남군에서 소방관으로 근무하시는 분이 장애등급 등외 처분을 받은 것에 대한 구제방법에 대해 법률상담을 받으러 오셨다.
최근 법무법인 서호에서 영입한 서울대병원 간호사 출신 오지은 변호사와 함께 법률상담을 해드렸는데, 그 분이 법률상담을 받으시고 소송 위임계약서에 서명하신 후 다음과 같은 말씀을 하셨다.

"오랜만에 행복감을 느껴봅니다."

소송을 시작하지도 않았고, 소송이 어떻게 종결될 지도 모르는데, 상담만으로 행복감을 느낀다는 말에 나는 하늘을 나는 기분이었다.
오지은 변호사도 같은 마음이었는지, 오늘 오후 사무실 식구들 모두에게 빽다방 음료수를 샀다. 덕분에 나도 한 잔 얻어먹었다. 자고로 공짜는 더 맛있는 것 같다. 변호사는 돈 버는 직업이 아니라 남을 돕는 직업이다. 열심히 돕다보면 언젠가는 돈 많이 벌 날도 올 것이다. 그래서 나도 아내한테 돈 잘 버는 남편으로 칭찬받고 싶다. 행복은 말(言)에서부터 온다. 돈 드는 것도 아니니 행복을 주는 말을 하고 살자.

웃음은 행복을 부르는 마중물이다

오늘 제56사단 노고산 연대를 방문하여 임국기 연대장님으로 연대 명예 법무장교로 임명받고, 장병들을 대상으로 '군대인권과 행복한 동행' 강의를 하고 왔다. 연대장님으로부터 두란노 아버지학교 아홉 차례 진행  등 가족사랑캠프 프로그램을 포함한 '인성바로세우기' 프로젝트를 진행한 내용을 듣는 것만으로도 행복했다. 연대장님의 안내로 연대의 북 카페와 화장실을 둘러 봤는데, 북 카페가 도서관 수준이고, 화장실이 호텔 수준인 것에 놀랐다. 연대장님 방 회의테이블에 놓은 아래 글귀가 마음에 와 닿는다.

웃음은 행복을 부르는 마중물이다.

위 글은 용사들 내무반 입구마다 붙어있다.
맞다.
분명 웃음은 행복을 부르는 마중물이다.
스마일(smile)
스쳐도 웃고,
마주쳐도 웃고,
일부러라도 웃자.
노고산 연대 장병들의 2027년 8월 12일 꿈을 응원한다.

수박 한 통

오늘 가을이 들어선다는 입추다.
어서 가을이 왔으면 했는데, 벌써 가을의 문턱을 넘었다.
오늘 용산구상공회 회원 한 분이 자신의 고향 강원도 양구에서
어머님이 직접 농사지은 수박 한 통을 갖고 오셨다.
무려 12.1kg나 된다.
나는 그 분에게 특별히 해드린 것도 없는데,
나를 기억해주신 것만으로도 참 행복하다.
사랑이 담긴 수박이라서 그런지 맛도 일품이다.
수박을 자르니 식탁 폭 만큼 된다.
어제 아내가 '수박 먹고 싶다'는 말을 했는데,
하나님이 그 분의 마음에 전화하셨나 보다.
사랑의 수박 때문에 나의 마음에는
이미 행복한 가을로 가득 찼다.

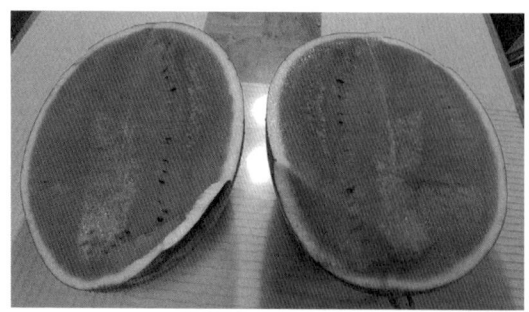

세상에서 가장 맛있는 밥

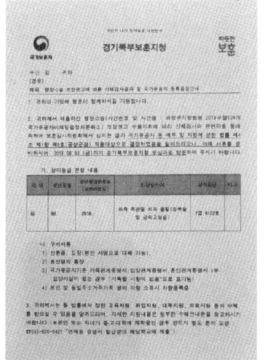

오늘 점심 때 세상에서 가장 맛있는 밥을 먹었다.
세상에서 가장 맛있는 밥은 어떤 밥일까?
민어회, 불고기, 파스타, 호박식혜 ... 등등 아니다. 감사한 마음으로 사 주는 감사밥이 이 세상에서 가장 맛있는 밥이다.
군복무 중 상이를 입은 청년이 국가유공자 상이등급을 못 받았고, 이후 우리 법무법인 서호를 통해 행정소송을 제기하여 좋은 신체감정결과를 받았다. 결국 쌍방이 법원의 조정권고를 받아들여 그 청년은 상이등급 7급 국가유공자로 등록되었는데, 그 청년의 어머님이 남동생과 함께 오셔서 맛있는 중국요리를 사 주셨다.
말씀만으로도 감사한데 ...
감사밥은 사는 사람도 대접받는 사람도 참 맛있는 밥이다.
아마 오늘 감사밥을 사신 어머님도 행복하셨으리라.
나도 그 어머님처럼 감사밥을 많이 사야겠다.
박사 보다 더 훌륭한 사람은 '밥사'이다.

천심일미(千心一味)

천심일미(千心一味)
마음은 천 개라도 맛은 한 가지

'황구생각' 식당 안에 있는 액자 글이다. 지난해처럼 '군대 인권과 행복한 동행' 강의 후 부대 근처 '황구생각' 식당에서 김치찌개를 먹었는데, 오늘도 식당 주인이 밥 공기를 하나 더 주셨다. 그 이야기를 《변호사 김양홍의 행복한 동행3》에 '밥 공기 하나 더'라는 글로 실었는데, 식당주인에게 그 책을 드리고 함께 사진도 찍었다.

오늘 강의보다도 식당 주인이 자신의 이야기가 담긴 책을 받고 좋아하시는 모습을 보니 더 행복했다. 따뜻한 마음은 그 어떤 맛 보다 맛있는 맛이다.

아마 천국에도 TV는 있을 것이다

지난 주말 저녁 MBS 주말 드라마 '숨바꼭질'에서 김실장이라는 역을 맡은 윤다경의 다음 대사를 아내와 나는 동시에 "나야~"라고 외쳤다. 또한 우리는 연거푸 "It's me, 찌찌뽕"라는 말도 동시에 했다.

우리 부부의 공통 취미는 TV 드라마 보기이다. 재미있는 월화 드라마, 주말 드라마를 만나면 정말 열심히 보고, 또한 그 드라마 본방 사수를 위해 최선을 다한다. 재미있는 드라마를 소개 받으면 다시 보기를 통해 주말과 주일 집에 있는 시간 내내 못 본 드라마를 본 적도 있다. 특히 MBC 드라마 <오로라 공주> 할 때는 임성한 작가 소개로 상암동에 있는 드라마 세트장까지 가서 여주인공 오로라 역을 맡은 전소민으로부터 친필 사인도 받고, 배우들과 함께 사진도 찍었었다.

"아빠도 장가 잘 갔지만, 엄마도 시집 잘 갔어요." 사랑하는 딸이 스무살 생일날 나에게 한 말이다. 생일날 아빠가 밥 사준다고 해서 아빠 기분 좋으라고 한 말일지라도 참 기분 좋았다. 딸이 그런 말을 한 결정적인 이유는, 딸이 우리 부부의 모습을 볼 때마다 침대 위에서 둘이 즐겁게 TV 드라마를 보고 있어서 그랬을 것이다.

사람들은 TV를 바보상자라고 비난 하지만, 나는 설령 TV 보다가 바보가 되더라도 드라마 시청은 포기할 수 없다. 요새 tvN 드라마가 참 재미있다. 지난주에 종영된 tvN 월화 드라마 '백일의 낭군님'에 이어서 이번 주부터 방영되고 있는 '계룡선녀전'도 기대되고, KBS2 수목드라마 '죽어도 좋아'도 기대만땅이다. 매주 금토요일 우리 부부를 한 마음이 되게 한 tvN 드라마 '도깨비' 명대사가 자꾸 생각난다.

너와 함께 한 시간 모두 눈부셨다.
날이 좋아서,
날이 좋지 않아서,
날이 적당해서 모든 날이 좋았다.

TV 드라마는 그렇게 나와 아내의 삶의 일부가 되었다. 나이 들어도 아내와 함께 마음 편히 할 수 있는 것이 있어서 참 좋다. 아마 천국에도 TV는 있을 것이다.

원칙(原則)에 강하라!

1997~1998년 내가 백골부대 법무참모로 근무할 때 당시 박흥근 사단장님이 연병장 주변에 세워 놓은 글귀이다. 사단장님의 삶의 원칙이자, 나의 삶의 원칙이다. 사단장님은 당시나 지금이나 언행일치(言行一致)의 표본이다. 그렇기 때문에 21년이 지났음에도 사단장님을 따르던 부사단장, 참모장, 연대장, 사단참모, 기무부대장, 헌병대장, 대대장, 사단 주임원사 등 당시 부하들이 매년 분기마다 10~20명이 모여서 함께 식사하고, 정을 나누는 백골부대 모임을 하고 있다.

백골부대 모임에 가면 당시의 사단 지휘부가 그대로 옮겨온 기분이다. 올해 사단장님 연세가 만 70세이신데, 21년 전이나 지금이나 모습은 그대로이신 것 같다. 사단장님은 법적인 판단에 대해서는 항상 법무참모인 나의 판단을 존중해 주셨다. 글로 옮길 수 없는 어려운 상황에 놓였을 때도 사단장님은 "나는 법무참모를 믿는다"는 말을 하시면서 나를 믿어주셨다.

사단장님은 사단 재직시 예하 부하들에게는 좋은 것 먹게 하고, 사단 지휘부 회식은 늘 삼겹살이었다. 매일 개인 승용차를 손수 운전하고 가셔서 새벽예배를 드리셨다. 나는 백골부대를 떠나 3군단 군판사로 자리를 옮긴 이후 아내를 만났는데, 결혼하기 전 아내와 함께 직접 백골부대를 방문해서 사단장님께 인사드린 적이 있다. 때마침 그 날 사단 지휘부 회식이어서 사단장님이 주신 백골잔에 소주를 마신 기억이 새롭다.

오늘은 사단장님, 정판석 연대장님, 정용회 참모장님과 함께 운동을 했다. 작년에는 2팀이 운동을 했는데, 올해는 부킹하는데 착오가 있어서 1팀만 운동했다. 사단장님은 골프에서도 정확히 골프 규칙대로 하신다. 그럼에도 불구하고 나는 오늘 '계백장군'(계속 100타)이라는 무거운 직책을 벗었다. 사단장님께서 '내년도에는 90개 밑으로!'라는 카톡문자를 주셨는데, 내년에는 사단장님의 그 지시를 따를 수 있도록 마음을 다할 생각이다.

내가 존경하는 삶의 스승이 지금 내 곁에 계심에 감사하고 감사하다. 나도 언제 어디에서든지 사단장님처럼 원칙에 강한 사람이 되고 싶다. 박흥근 사단장님과 우리 백골부대 가족들의 건강을 기원한다.

원칙에 강하라!
백골!

Cafe Rover House

홍천군 남면의 조용한 카페에 왔다. 우리가 첫 손님이다.
제11사단 포병여단 예하 대대 '군대 인권과 행복한 동행' 강의 왔다가
너무 일찍 도착해서 시골장터를 거닐다가 들어왔다.
길가에 사람들도 거의 없다.
카페가 한적해서 좋고, 조용한 피아노 음악이 좋고,
달달한 카라멜 마끼야또 맛도 좋다.
주인장이 우리에게 "여행중이냐?"고 묻는다.
주인장에게 카페 이름 뜻을 물어보니 키우던 개 이름이 Rover였는데,
카페 오픈 할 무렵 병들어 죽었단다. 그래서 그 개를 기념하기 위해 지은 이름
이란다. 사연을 듣고 나니 카페 이름이 더 이쁘다.
주인장의 마음도 이쁘다.
동행한 한성모 실장과 함께 커피 잔을 짠~ 부딪치며 건배를 했다.
인생은 이렇게 커피 잔 들고도 취할 수 있어야 한다.
이 순간도 나의 소중한 삶이다.
인생은 추억 쌓기다.

Valentine's Day

오늘은 2018년 2월 14일 '발렌타인데이'이다.
사무실 출근했더니 여직원이 발렌타인데이라고 작은 초콜릿 2개를 건넨다.
나는 발렌타인데이에 초콜릿을 남자가 여자에게 주는 날인지 여자가 남자에게 주는 날인지 몰라서 초콜릿을 살까 말까 고민하다가 안 샀다.
그래서 여직원들에게 물었다.
"발렌타인데이에 초콜릿을 남자가 주는거에요 여자가 주는 거에요?"
여직원들이 이구동성으로 대답한다.

"사랑하는 사람이 주는 거에요."

2월 14일은 서른 살 청년 안중근 의사가 1910년 사형선고 받은 날이기도 하다. 그런데 아이러니하게도 발렌타인데이는 1930년대 일본의 한 제과회사가 2월 14일 하루만이라도 여성이 남성에게 자유로이 사랑을 고백하자는 상술 캠페인을 벌이면서 초콜릿 선물이 시작된 것으로 알려져 있다.
유래가 어찌되었든 발렌타인데이는 사랑하는 사람이 초콜릿을 주는 날로 알고 그냥 초콜릿을 주면 되지 않을까?
초콜릿 회사의 상술이면 어떤가?
그 초콜릿을 만드는 사람도, 그 초콜릿을 만드는 회사도, 그 초콜릿을 파는 상점도 우리 이웃이다.
마음이 담긴 선물은 그것이 얼마짜리이든 무엇이든 상관없다.
중요한 것은 마음이다.
사랑하는 마음 …

그 작은 초콜릿 2개 때문에 직원들에게 초밥으로 점심식사를 샀다. 초콜릿과 초밥으로 모두가 행복한 2018년 발렌타인데이다.

일곱 살 딸의 엄마 사랑

오늘 아침 법무법인 서호 오지은 변호사가 자신의 일곱 살 딸(오서영)이 "엄마는 돈 걱정 말고 변호사님들이랑 짜장면 사먹으라."고 큰돈을 줬다면서, 오늘 짜장면을 사겠다고 했다. 비록 딸이 준 돈은 가짜 종이돈이지만, 마음이 너무 예쁘지 않은가?

어젯밤 늦은 시간에 PC 앞에서 참 마음 아픈 글을 쓰고 있는데, 올해 고3이 되는 아들이 배가 고팠는지 혼자 계란 후라이를 만들어 먹었다. 나는 아들에게 "어떻게 아빠 드실래요 라는 말도 안 하고 혼자 먹을 수 있냐!"고 책망하면서 "반숙 하나 해오라."고 했다. 그랬더니, 아들이 군소리하지 않고 망가진 계란 후라이를 하나 만들어 갖고 와서 참 맛있게 먹었다. 자기 부모를 먼저 생각하지 않는 사람은 사회에 나가서도 이웃을 먼저 생각하지 않을 가능성이 높기 때문에 나는 나의 딸과 아들에게 기회 있을 때마다 '부모 먼저'를 요구한다. 오지은 변호사의 어린 딸이 엄마를 생각하는 마음 때문에 어제의 슬픈 마음이 다 없어진 것 같다. 우리들은 그렇게 말로 인해 상처를 받고, 말로 인해 상처가 회복된다. 우리도 그 아이처럼 상처 주는 말 보다는 세워 주는 말을 하자.

> 예수께서 그 어린 아이들을 불러 가까이 하시고 이르시되
> 어린 아이들이 내게 오는 것을 용납하고 금하지 말라
> 하나님의 나라가 이런 자의 것이니라
> - 누가복음 18장 16절 -

※ 다음날 오지은 변호사로부터 다음과 같은 내용의 카톡을 받았다. 오서영 양이 엄마에게 "오늘 짜장면 사 먹었냐, 사실 가짜 돈인데 요리사 아저씨가 받아줬냐?"고 물어서 오지은 변호사가 내가 짜장면 담긴 그릇을 들고 있는 사진도 보여주고, 내가 쓴 위 글을 읽게 하였다고 한다.

카라멜마끼아또 OUT

나에게는 치명적인 약점이 있다.
그것은 '카라멜마끼아또(Caramel Macchiato)'이다.
달달한 맛이 끝내 준다.
특히 공짜로 얻어 먹는 카라멜마끼아또의 맛은 더 끝내 준다.
오늘도 법률고문 회사 대표님이 카라멜마끼아또를 사주셨다.
도저히 다른 음료를 주문할 수가 없었다.
성경에서 등장하는 '맛나'의 맛이 카라멜마끼아또의 맛이 아닐까?
그런데 나는 오늘 그 카라멜마끼아또와 정식으로 이혼하기로 했다.
이별이 아니라 '이혼'이다.
내 다이어트에 막대한 장애물이기 때문이다.
그래서 방금 내 PC 앞에다 '카라멜마끼아또 OUT'이라고 써 붙였다.
1999년 5월 나는 아내와 신혼여행을 다녀와서
장인어른이 근무하시는 시골 초등학교로 인사드리러 갔다가
교장선생님 관사에서 잠을 잔 적이 있다.
그 관사 벽면에 이런 글귀가 붙어 있었다.

고스톱을 하지 말자

우리 부부는 그 글귀를 보고 한 참을 웃었다.
그런데 오늘 나는 나이 쉰 한 살에,
그 교장선생님과 똑같은 행동을 하고 있다.
더불어 오늘 동료인 김정현 변호사 앞에서, 다음과 같이 다짐했다.

"만약 오늘 이 시간 이후로 어디에서든지 카라멜마끼아또를 마시게 되면 김변호사님에게 10,000원을 드리겠습니다."
작심삼일(作心三日)이 되지 않기를 기대한다.

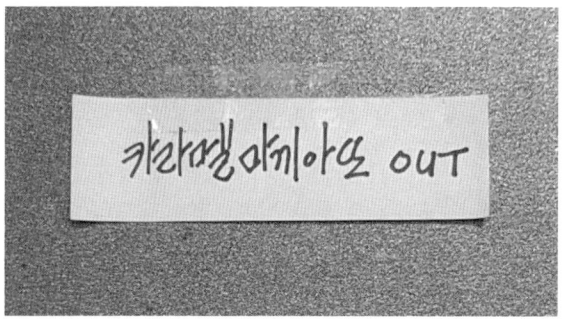

첫 라운딩의 설렘

가을비가 내리는 주말 법무법인 서호 김정현 변호사, 김변호사 부모님과 함께 센추리21CC에서 첫 라운딩을 했다. 김변호사의 부모님이 참 부러웠다. 나도 언제 내 딸과 함께 첫 라운딩을 할 수 있을까? 그 생각을 하는 것만으로도 행복하다.

김변호사의 첫 라운딩 후 소감은 "잘 하고 싶다."이다. 김변호사는 첫 라운딩하는 골퍼치곤 부모님과 함께 해서 그런지 참 잘 했다. 나도 오늘 파(PAR)를 5개나 했고, 여전히 '백돌이'(106타)이지만 대만족이다. 18홀 모두 OK 하나 없이 다 넣었다.

법무법인 서호 이재철 사무국장께서는 김변호사에게 첫 라운딩 때 주의할 점이 적힌 '첫 라운딩의 설렘'이라는 글을 주셨다. 심지어 귀가 후 같이 라운딩 할 수 있는 기회를 주신 것에 감사하는 문자나 카톡을 보내라는 내용까지 있다. 이국장님의 그 따뜻한 마음이 덩달아 나를 행복하게 한다.

골프는 즐기는 것이 이기는 조건이다
  - 헤일 어윈(Hale S. Irwin) -

환경을 좋게 만들려고 노력하자

오늘 세계미래포럼 감성경영 2기 담임선생님이셨던
정만호 강원도 경제부지사님 내외분,
김용직 형님 내외분 등 총 3팀이 함께 운동하였다.
무더운 날씨 가운데 간간히 구름과 바람이 있어 좋았다.
이해관계 없이 서로 마음에 맞는 부부가 함께 운동하니
즐거움이 배가 되는 것 같다.
나는 오늘 12등 했다.
12명 중에서 ...
특히 오늘 손님으로 초대된 권덕수 원장님은
햇볕이 뜨거운데 모자도 안 쓰고,
선크림도 안 바르셨다.
모자는 자주 잃어버려서 그냥 안 쓰고 다니고,
운동은 가끔 하기에 선크림은 안 발라도 된다고 하면서,
"적응해서 살아야지." 라고 하신다.
특히 권덕수 원장님이 일하는 병원에는
아래 글을 써 놓고 지키려 한다고 한다.

**주어진 환경에서 최선을 다하고
환경을 좋게 만들려고 노력하자**

삶의 지혜가 담긴 명언이다.
주어진 환경에서 최선을 다하는데 그치지 말고,

그 환경을 더 좋게 만들려고 노력하자.
나와 나의 이웃의 행복을 위해 꼭 필요한 마음가짐이다.

여기 저기

*"여러분의 기쁨이, 저의 기쁨입니다.
제가 '여기' 하면, 여러분은 '저기' 하십시오."*

용산구상공회 회장단 회의에서 김명기 수석 부회장님이 한 건배사이다. 내 이웃의 기쁨이 곧 나의 기쁨이 되는 삶이 최고의 삶 아닐까? 우리 그렇게 서로가 서로의 기쁨이 되자.

오늘 평창 동계올림픽 개막식이 있는 날이다. 남북한이 하나 되는 계기가 되길 소망

한다. 북한 김정은 정권은 미워하되, 고통받고 있는 북한 동포들은 미워하지 말자. 다시는 이 땅에서 전쟁이 일어나서는 안 된다.

남북한은 통일 되어야 하지만, 그 방식은 반드시 평화통일이어야 한다.

평창 동계올림픽의 성공을 위해 기도한다.

우리는 어려운 이들을 위해 존재한다.
We exist to help those in need.
- 팀하스(Tim Haahs) 회사 사훈 -

우산이 되어 주자

사랑하는 이수성결교회 성도님이 부친상을 당하셔서 익산시에 있는 장례식장에 가기 위해 늦은 오후 사무실을 나섰다. 사무실 나설 때는 비가 오지 않았는데, 동작역에 도착해서 교회로 걸어가려고 하니 갑자기 비가 많이 내렸다. 그냥 비를 맞고 갈까 하다가 혹시 동작역 역무실에서 우산을 빌려 줄지 모르겠다는 생각에 역무실에 가서 우산을 빌려줄 수 있느냐고 물으니 빌려준단다. 아예 우산 빌려주는 대장이 있었다. 역에서도 유실물 우산을 빌려주는 것이란다. 우산은 비를 막아 준다. 동작역처럼 우산을 빌려주는 사람이 되자. 장례식장에 함께 위로예배 가는 성도님들처럼 우산 같은 이웃이 되자. 우리 서로 그렇게 우산이 되어 주자. 언젠가 비는 그치게 되어 있다. 아래 성경 말씀은 박정수 담임목사님이 장례식장에서 위로예배 때 전해주신 본문 말씀이다.

> 일의 결국을 다 들었으니 하나님을 경외하고
> 그의 명령들을 지킬지어다
> 이것이 모든 사람의 본분이니라
> 하나님은 모든 행위와 모든 은밀한 일을 선악 간에 심판하시리라
> - 전도서 12장 12~13절 -

이런 게 행복 아니겠어

　제73주년 8.15 광복절 이른 아침 이수성결교회 이영훈 장로님 내외분과 함께 강원도 속초에 가서 바다낚시를 하고, 양양 남대천 상류인 법수치계곡을 다녀왔다. 고속도로 사정이 좋아져서 하루 만에 모든 일정을 소화했다. 서울양양고속도로 구간에 있는 유명한 내린천휴게소에 들려 4층 전망대에 올라가 봤으나, 전망대에서 바라본 전경은 평범했다. 우리나라에서 가장 긴 터널인 인제양양터널 10.96km를 통과했다. 참 길다.

　강원도에 들어서니 산이 높고, 깊고, 푸르다. 속초 대포항에서 시원한 물곰탕 등으로 아침식사를 하고, 대포항에서 출발하는 낚시배에 승선하여 오늘 계획에 없었던 배낚시를 했다. 요금은 1인당 3만원인데, 낚시대와 미끼인 갯지렁이까지 제공해준다. 낚시 시간은 2시간인데, 하다보면 힘들어서 자연스레 2시간 전에 낚시대를 접게 된다. 주로 참가자미만 잡힌다. 이영훈 장로님도 왕초보이고, 부인 강수진 집사님도 처음으로 배낚시를 했는데도, 참 많이 잡으셨다. 우리 4명은 크고 작은 참가자미 약 50마리, 약 2kg를 잡았다. 잡은 물고기는 항구 주변에 있는 횟집에서 잡은 물고기 양에 따라 일정한 돈을 주면 원하는대로 요리를 해준다. 우리는 물회 2만원, 세꼬시(뼈째 썰어먹는 회) 2만원, 찜 1만원을 주고 각 요리를 먹었는데, 모두 맛있었다. 물회와 세꼬시, 찜의 양이 너무 많아 먹는 것도 되다.('되다'는 광주광역시, 전남 서북권 일

대의 방언으로 고되다, 힘들다 등으로 사용된다.) 참가자미 세꼬시는 고소한 맛이 일품이다.

　점심식사를 배터지게 먹은 후 법수치계곡에 가서 온 몸을 계곡에 담갔다. 물속에 있다가 물가에서 한 숨 잤다. 꿀맛 같은 낮잠이었다. 세상만사 '일장춘몽(一場春夢)' 아니던가? 8.15 광복이 없었으면, 오늘의 행복도 없었다. 짧은 하루였지만, 2박 3일 긴 여행을 다녀온 기분이다. 우리 곁에 강원도가 있음에 참 감사했다. 아내는 오늘 하루를 이렇게 평가했다.

　　"이런 게 행복 아니겠어~"

첫 생일빵

남북한 정상이 판문점에서 만난 역사적인 날, 2018년 4월 27일 반포중 부자유친 OB모임 번개모임이 있었다. 무려 18명이 모였다. 감사하게도 오늘 모임은 《변호사 김양홍의 행복한 동행3》 출간 기념 겸 나의 생일(?) 축하모임이었다. 내 나이 51세 처음으로 생일빵이라는 것을 당했다. 윤승현 동생이(부자유친에서는 나이가 많으면 형, 적으면 동생이다) 케이크 위에 있는 크림으로 내 얼굴을 도배했다. 꼭 다음에 복수하리라 다짐했다. 그런데, 그렇게 당하면서도 즐거운 것이 생일빵이다. 특히 김양림 동생은 나를 위해 들기름과 들깨 볶은 것을 갖고 오고, 귀한 산삼주 담금술까지 준비해 왔다. 마음이 참 이쁘다. 부자유친 회원 11명은 올 6월 중순 중국 내몽고로 4박 5일 여행 가기로 했고, 다음에는 금강산과 백두산으로 함께 여행 가기로 했다. 참 멋진 형, 친구, 동생들이다. 남북한 동포들도 우리 부자유친 회원들처럼 어울려 살날이 올 것으로 믿는다. 늘 부자유친 모임에서 하는 건배사가 있다.

우리 조국 대한민국을 위하여!!

3과 30

반포중을 졸업한 아들을 둔 아버지들의 모임인 반포중 부자유친(父子有親) OB 모임에서 2019년 신년회를 1월 4일~6일 인천 영종도 을왕리 해수욕장과 강화도에서 가졌다. 첫째 날 먼저 도착한 4명은 을왕리 해수욕장 옆 선착장에서 낙조를 보면서 잠시 낚시를 했다. 오랜만에 낚시대를 들었더니 참 행복했다. 우리는 물고기를 3마리 이하로 잡으면 살려주기로 했는데, 막상 망둥어를 2마리 잡자 마음이 바뀌었다. 그냥 횟집으로 갖고 가서 매운탕에 넣어서 먹었다. 숙소는 해수욕장이 보이는 '영종스카이리조트'였는데, 바다를 바라보는 것만으로도 충분했다.

지난해 나이 51세 때 첫 생일빵을 해준 윤승현 동생에게 은혜를 갚았다. 강재호 동생은 일정이 있어 도저히 올 수 없는 상황임에도 윤승현이 캐네디언

클럽(Canadian Club) 술을 좋아한다는 것을 알고, 그 술 1병과 생일케이크를 갖고 와 생일 축하해 주고 갔다. 이것이 정(情)이고, 사랑이다. 반포중 부자유친 OB 모임 안영준 회장이 이런 말을 했다. "친형은 설날과 추석, 형님 생일 때만 보는데, 부자유친 회원들은 1년에 30회 이상 만난다." 반포중 다닌 아들 때문에 만난 사이이지만, 학교 동창보다도, 군법무관 동기보다도 더 끈끈하다.

둘째 날은 강화도 마니산을 등반하기로 했다. 첫째 날 모인 8명은 아침 일찍 일어나 마니산(摩尼山) 입구로 이동했다. 마니산 입구에서 추가로 도착한 10명과 합류했다. 등산이 힘든 4명은 '석모도 미네랄온천' 탕으로 가고, 14명은 마니산 참성단(塹星壇, 단군이 하늘에 제사를 지내던 곳)까지 올라갔다 왔다. 참성단의 높이가 472.1m 밖에 안 되는데도, 올라가는데 가파른 계단이 많아서 그런지 정말 죽는 줄 알았다. 체력이 많이 약화된 것이 분명했다. 부지런히 운동해야겠다고 다짐했다. 참성단 가는 길목에서 부평동중 축구선수들을 만났는데, 그 중 어느 학생이 "이곳에 엘리베이터가 있으면 좋겠다."고 했고, 어느 여자 분은 "119 부르고 싶다."고 했다. 곧 내 마음이었다.

우리는 참성단 등산로 중 '계단로'로 올라가서 '단군로'로 내려왔는데, 마니산을 처음 등산하는 사람은 우리가 간 코스로 가는 것이 체력 안배 측면에서 더 좋은 것 같다. '단군로'로 내려오는 길은 대체로 완만할 뿐 아니라 주변 경관이 참 멋지다. 내려오는 길목에서 김규동 형이 막걸리 안주로 갖고 온 깍뚜기 맛은 잊을 수 없을 것 같다. 그렇게 나는 마니산에서 살아서 돌아왔다.

우주선 아폴로 16호가 달에 착륙하여 세 사람의 탑승자가 지구를 내려다보니 유난히 서기(瑞氣)가 뻗치는 곳이 보이길래 사진을 찍어뒀다. 후에 지구에 귀환하여 그 곳을 알아봤는데, 우리 한반도의 강화도 마니산 일대였다고 한다.(2001.3. 비평과 전망 - 황종국 글) 또한 오래된 기사이기는 하지만 (1999. 4. 8. 주간조선 보도), 기(氣) 측정 결과 참성단 65, 경남 합천 해인사

독성각 46, 대구 팔공산 갓바위 16였다고 한다. 기가 쎈 산이라서 그렇게 힘들었나 보다.

　마니산 등산을 마치고, 점심식사로 꽃게탕을 먹으러 갔다. 그 꽃게탕은 그냥 꽃게탕이 아니라 맛이 예술작품이었다. 내가 지금까지 먹어본 꽃게탕 중에서 최고였다. '백문(百聞)이불여(不如)일(一)맛'이다. 식당 이름은 인산저수지 근처에 있는 '충남서산집'이다.

　점심식사를 마친 후 등산을 한 회원들은 함께 '석모도 미네랄온천'으로 갔다. 다행히 등산을 하지 않은 회원들이 온천욕을 하고 나올 때 미리 대기표를 받아 놔서 6명은 온천욕을 했는데, 나머지 회원들은 온천 밖에 있는 족욕탕에서 대기 하다가 그냥 숙소로 갈 수 밖에 없었다. 온천 대기시간은 1~2시간은 기본인 것 같다. 대기표도 대기번호 호출 후 2분이 지나면, 다음 대기번호로 넘어간다. 온천탕이 그렇게 크지 않아서 300명 이상 입장이 어렵기 때문에 그렇게 대기번호를 받고 입장해야 한다. 솔직히 '해수욕'이라는 것 외에는 별로 장점이 없는 온천탕이다. 한 번 정도는 가볼 곳이고, 또 가보고 싶은 곳은 아니다. 온천 운영시간은 아침 7시부터 21시까지인데, 입장마감시간은 19시 30분이고, 요금은 온천복 대여료 포함해서 11,000원이다.

　꽃게탕 집에서 새로 합류한 2명, 저녁 숙소에서 합류한 3명을 포함해서 회원 31명 중 총 23명이 강화도 '초원의 집' 펜션에 모였다. 1,200평 대지에 각종 조각상이 있고, 곳곳에 주인의 섬세한 손길을 느낄 수 있었다. 방이 온돌방처럼 참 뜨끈뜨끈해서 좋았다.

　저녁식사는 돼지고기와 장어구이, 소시지 바비큐를 해 먹었다. 고기 굽는 것도 누가 말 안 해도 동생들과 형들이 번갈아 가면서 구웠다. 식사가 끝나고 간단히 회의시간을 가졌는데, 지난해 고3 수험생을 둔 세 분의 형들에게 격려의 박수를 쳐드렸다. 맏형 황선춘 형이 올해 고3 수험생을 둔 6명에게 "고3은 중2 보다 심하다. 귀를 닫고 모른 척 해라."고 조언해 주셨다. 100% 공감한다. 부모는 기다리고 기다려야 한다.

　식사가 끝날 무렵에 무선 마이크와 스마트폰을 연결하여 노래방에서 노래 부르는 것처럼 돌아가면서 노래를 불렀다. 나는 군법무관 시절 군에서 불렀던, '멸공의 횃불'을 4절까지 힘차게 불렀다. 나는 주일 예배 때문에 1박 2일 행사까지만 참석하고, 큰 아쉬움을 뒤로 한 채 귀경했다.

　오늘 모임에 온 서왕연 형이 식탁 위에 놓인 귤을 보면서, "귤이 참 이쁘다."라고 하셨다. 사물 하나도 아름답게 볼 수 있는 형의 눈이 부럽다. 귤도 예쁘지만, 내 곁에 있는 부자유친 회원들 모두가 예쁘고, 사랑스럽다. 내 생을 마감할 때까지 동행할 전우들이다. 지난해 나의 장인어른 장례식에도 여러 가지 모습으로 유족들의 아픔을 함께 주었다. 그야말로 생사고락(生死苦樂)을 함께 할 전우들이다. 나의 전우(戰友)들 …

세상에서 제일 맛있는 빵은 생일빵이다

반포중 부자유친 OB 모임에서 지난주 2박 3일 신년회를 했는데, 오늘 다시 1월 생일자 축하모임을 가졌다. 신년회 때는 23명 모였는데, 오늘은 16명이 모였다. 이재진 회원이 어제 제주도 성산포 앞바다에서 직접 잡은 긴 꼬리 벵에돔 7마리, 가다랑어 1마리를 공수해 왔다. 그래서 제주도 물고기의 육지 침공(?)을 막기 위해 '데프콘3'를 발령하여 더 많이 모이게 된 것이다. 모임의 재주꾼 이홍근 회원이 직접 회를 떴는데, 회를 떠놓자마자 없어졌다. 초밥까지 만들어줘서 참 맛있게 먹었다. 2차로 호프집에서 1월 생일자 4명 생일빵을 해줬는데, 안영준 회장이 "세상에서 제일 맛있는 빵이 생일빵이라."고 했다. 동감한다. 나는 양손에 비닐장갑을 끼고 생크림 케이크를 4명의 얼굴에 도배를 해줬다. 생크림을 발라주니까 다들 피부가 반들반들해졌다고 즐거워한다. 부자유친 모임은 아들을 핑계로 모인 아버지들의 놀이터이자 행복충전소이다. 이 생애 끝까지 함께 할 모임이다. 1월 생일을 맞이한 안영준, 나병동, 이재진, 윤승현, 최용수 다섯 분의 건승을 기원한다.

우리가 얼마나 행복한 사람인지를 깨닫게 하소서

용산상공회의소 사회봉사위원회 위원장 자격으로 서울역 인근 쪽방에 거주하는 분들에게 무료 도시락 배달 봉사를 다녀왔다. 사회봉사위원회 회원들과 우정라이온스클럽 회원들 등 총 16명이 가톨릭사랑평화의집에서 운영하는 '함께 천사'라는 봉사단체를 방문하여 요리 봉사하는 분들이 준비해 주신 점심식사를 도시락 형태로 포장하여 쪽방 주민 312명에게 전달했다.

보건복지부 '2016년도 노숙인 등의 실태조사'에 따르면, 전국에 노숙인은 11,340명으로 거리 노숙인 2,015명, 생활시설 노숙인 9,325명, 쪽방 주민 6,192명이다. 가톨릭사랑평화의집에서는 예산과 인력의 한계 때문에 서울역 근처 쪽방 주민 1,212명 중 350명에게 도시락을 전달하고 있다고 한다. 오늘 도시락을 받는 분들 대부분은 거동이 불편하신 분들이다. 한 평도 채 안 되는 쪽방에는 화장실도 없고, 싱크대도 없고, 씻는 곳도 없다. 공용 화장실과 공용 세면대가 있을 뿐이다. 불도 안 들어오는 지하에서 방에 불도 안 켜고 계시는 분도 계셨다. 방송이나 신문에서 자주 본 쪽방촌의 전경을 나는 차마 사진으로 담을 수 없었다.

함께 봉사한 이희영 권사님 말씀에 의하면, 영등포역 인근 쪽방촌 봉사 갔다가 며칠간 밥을 제대로 못 먹을 정도로 환경이 좋지 않는데, 서울역 인근 쪽방촌은 그나마 환경이 좋은 것 같다고 하신다. 좋은 환경이 그 정도이면 …

그냥 마음이 아팠다. 다행히도 쪽방 주민들은 구청으로부터 한 달 월세 25만 원을 지원받는다고 한다. 봉사를 마치고 나서 '봉사자를 위한 허근 신부님의 기도문'의 일부를 함께 낭독하는 것으로 봉사를 마쳤다.

> 우리는 오늘 가난한 사람들을 바라보면서
> 우리가 얼마나 넉넉한 사람인지를 깨닫게 하소서.
>
> 우리는 오늘 가난한 사람들을 만나면서
> 우리가 얼마나 축복받은 사람인지를 깨닫게 하소서.
>
> 우리는 오늘 가난한 사람들에게 사랑을 베풀면서
> 우리가 얼마나 행복한 사람인지를 깨닫게 하소서.
>
> 우리가 언제나 가난한 사람들에 대한 관심을 가지고
> 필요한 때에 가난한 사람들에게 나눔을 실천하게 하소서.

우리는 잠시 지나치지만 하나님은 남아서 그들을 돌봐주실 것으로 믿는다. 쪽방 주민들의 건강과 평안을 간절히 기도한다.

> 내가 진실로 너희에게 이르노니
> 너희가 여기 내 형제 중에 지극히 작은 자 하나에게 한 것이
> 곧 내게 한 것이니라
> - 마태복음 25장 40절 -

감사하고 감사합니다

하나님 앞에서 바르게 사신 사랑하고 존경하는 저의 장인어른 나기신 집사님의 장례식에 연말연휴라 바쁘실텐데 먼길 마다하지 않으시고 예배로, 조문과 조의, 조화로 저희 유가족을 위로해 주셔서 감사하고 감사합니다.
고마움 오래도록 간직하고, 한평생 감사한 마음으로 살겠습니다.
직접 찾아뵙고 감사 인사드려야하나 우선 이렇게 글로 감사 인사를 대신함을 널리 양해해 주십시오. 2018년 마지막 날 저희 장인어른의 고향 전남 함평에 장인어른을 모셨는데, 오늘 함평의 하늘은 참 맑고 따스했습니다.
저희도 장인어른처럼 '부활 소망'으로 예수님 바라보며 살아가겠습니다.
 2019년 새해 하나님의 은총과 축복이 가득 하시길 기원합니다.
 - 천국 가신 나기신 집사님의 맏사위 김양홍 올림

예수께서 이르시되 나는 부활이요 생명이니
나를 믿는 자는 죽어도 살겠고
무릇 살아서 나를 믿는 자는 영원히 죽지 아니하리니
이것을 네가 믿느냐
- 요한복음 11장 25~26절 -

아버지가 저희 아버지여서 참 행복했습니다

　사랑하고 존경하는 저희 아버지 김일랑 님의 장례식에 휴가철 주말, 주일이라 바쁘실텐데 먼길 마다하지 않으시고 예배로, 조문과 조의, 조화로 저희 유가족을 위로해 주셔서 감사하고 감사합니다.
　고마움 오래도록 간직하고, 한 평생 감사한 마음으로 살겠습니다. 직접 찾아뵙고 감사 인사드려야하나, 우선 이렇게 글로 감사 인사를 대신함을 널리 양해해 주십시오.
　저희 아버지를 고향 전남 장흥군 유치면 선산에 잘 모셨습니다. 입관할 때 저희 4형제가 아버지를 모신 관에 마지막 하고 싶은 말을 글로 썼는데, 모두 첫 문장이 '사랑해요'였습니다.
　저의 남동생이 쓴 글을 기억합니다. '아버지가 저희 아버지여서 참 행복했습니다.' 저도 아버지처럼 저의 딸, 아들로부터 같은 말을 듣고 천국 가고 싶습니다.

    저는 아버지처럼 효자로 살지 못했고, 아버지처럼 자식들을 사랑하지 못했습니다. 치매가 심해지시고, 자신 몸도 가누지 못할 정도로 아프셨을 때도 "몸 건강해라"하시면서 세상 끝날까지 저희를 사랑해주셨습니다.

    아버지의 큰 사랑 잊지 않고 살아가겠습니다. 하나님의 사랑으로 담대하게 살아가겠습니다. 예수님 바라보며 살아가겠습니다♡

2019년 8월 12일 천국 가신 김일랑 성도님의 큰아들 김양홍 올림

단팥죽

제목 : 단팥죽(일명 : 슬플 때 먹어봐)

재료 : 팥(국산), 찹쌀(국산), 계피(국산), 생강(국산), 꿀(국산), 설탕 조금

※ 렌지에 2~3분(뜨겁게) 뎁혀 드시면 아주 맛이 좋습니다^^

내가 섬기는 이수성결교회 새가족 유숙자 집사님이 우리 부부가 지난주 장인어른의 소천 때문에 슬퍼할까봐 직접 단팥죽을 끓여 주시면서 제목을 '단팥죽(일명 : 슬플 때 먹어봐)'으로 적어주셨다. 또한 초콜릿을 '실시간 당첨선물'(홈쇼핑 용어)이라는 이름으로, 떡은 '지난주 품절품'(지난주 시골에서 올라 온 떡을 재미있게 표현)이라는 이름으로 명명해서 주셨다. 단팥죽 데워 먹는 방법까지 세심하게 적어주셨다. 재료에 잣도 들어있다. 나의 딸, 아들 것까지 구분해서 4개의 용기에 담아 먹을 만치 준비해주셨다.

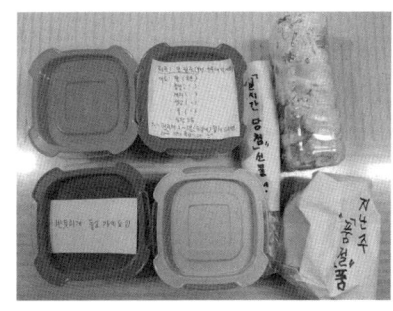

참고로 난 단팥죽을 엄청 좋아한다. 지극한 사랑으로 직접 만든 단팥죽은 얼마나 맛있을까? 정말 겁나게 맛있다. 이수교회 성도님들이 장인어른 장례식 때 여러 가지 모습으로 보내주신 사랑에 참 감사하고 감사하다. 지금 이 순간 내가 이수교회 장로된 것이 너무 너무 행복하다. 내 생의 자랑스러운 마지막 직함은 이수교회 장로가 될 것이다. "팥죽 먹고 슬픔이 사라졌다."(나의 아내의 말) 오늘 알았다. 진짜 감사함은 글로 표현할 수 없음을 …

희망의 등대

'우울'의 바다는 늘 어두웠습니다.
교수님은 이제 등대가 되었습니다.
우리 곁에서 영원히 꺼지지 않는 희망의 등대입니다.

2018년 마지막 날은 사랑하고 존경하는 나의 장인어른 발인(發靷) 날이자, 자신이 치료했던 조울증 박아무개씨 환자로부터 강북삼성병원 임세원 교수가 무참히 살해당한 날이기도 하다. 위 글은 강북삼성병원 '추모의 벽'에 실린 글이다. 임교수도 '현실을 살아가는데 무엇보다도 필요한 것은 희망이다'라고 했다.

임교수는 우울증과 불안장애와 관련된 100여 편의 학술논문을 저술한 진짜 정신과 의사이다. 임교수는 만성 허리디스크로 인해 우울증상을 겪었고, 너무 힘들어 자살 직전까지 갔다고 한다. 그는 2016년 자신의 아픔과 20년 동안 정신과 의사로 활동한 경험을 바탕으로 자살예방을 위한 저서 《죽고 싶은 사람은 없다》를 펴냈다. 그 책에 이런 글이 있다.

지금이 내 인생 최악의 순간이라고 느낄 때가 있었다. 하지만 이제 나는 내가 삶을 지속하는 한 적어도 최악은 없다고 확신한다. 앞으로도 가끔 흔들리는 것은 어쩔 수 없겠지만, 부러지지는 않겠다고 다짐한다. 나의 삶이 바로 내 희망의 근거라고 믿기 때문이다.

우리들 삶의 원동력은 희망이다. 임교수의 유족을 대표해서 임교수의 여동생 임세희씨는 "귀하고 소중했던, 우리 가족의 자랑이었던 선생님의 죽음이 헛되지 않도록 의료진의 안전과 모든 사람이 정신적 고통을 겪을 때 사회적 낙인 없이 적절한 정신치료와 지원을 받을 수 있는 환경이 조성되는 계기가 되기를 바란다."고 했다. 유족의 그 간절한 마음도 희망이다.

　박아무개씨는 자신을 가족처럼 치료해 주었던 임교수를 왜 살해했을까? 그에게는 '희망'이 없었기 때문이 아닐까? 나의 가족과 나의 이웃이 희망을 가질 수 있도록 돕는 것은 그들을 위한 것이기도 하지만, 그것은 곧 나를 위한 길이기도 하다. 희망은 내일 준비하는 것이 아니라 '오늘' 준비해야 한다. 임교수의 유족과 박아무개씨 그리고 이 땅을 살아가는 우리들 모두에게 새로운 희망이 생기기를 기원한다. 희망의 등대가 되어 주신 임교수의 유족에게 하나님의 위로를 빈다.

스켈레톤 윤성빈 선수와 강광배 교수

스켈레톤(skeleton) 윤성빈 선수가 2018년 설날 평창 동계올림픽에서 금메달을 선물하면서 국민들에게 세배했다. 참 장하다.
윤성빈 선수가 금메달을 따는 데는 본인의 피나는 노력도 있었겠지만, 무엇보다도 그를 알아본 김영태 고교 체육선생님과
한국체대 교수 강광배라는 지도자들이 있었기 때문에 가능한 일이었다.
강광배 교수는 한국 썰매 종목의 선구자라 할 수 있다.
원래 그는 스키 선수였지만, 무릎 부상을 당한 것이 계기가 되어
루지(luge)와 인연을 맺었다.
이후 그는 스켈레톤도 탔고, 봅슬레이(bobsleigh)까지 섭렵했다.
썰매 3종목에서 모두 올림픽에 출전한 유일한 선수가 바로 강광배였다.
그런 강광배와 윤성빈이 만난 것이다.
체대 입시를 준비하던 평범한 고3 윤성빈의 자질을 눈여겨본

신림고 체육교사 김영태 선생님이 윤성빈을 스켈레톤 국가대표
선발전에 보냈고, 윤성빈은 그 선발전에서 30명 중 10등을 한다.
2012년 당시 강광배는 평창동계올림픽을 대비해
썰매 종목 유망주를 찾고 있었는데,
한 눈에 윤성빈이 재목감임을 알아본 강광배 교수는
윤성빈을 스켈레톤에 입문시켰다.
이후 윤성빈은 스켈레톤을 시작한 지 3개월 만에 국가대표로 선발됐고,
4년여 만에 세계랭킹 1위로 올라섰고,
5년여 만에 올림픽 금메달리스트가 됐다.
누구를 만나느냐에 따라 사람의 인생이 바뀐다.
김영태 선생님이 윤성빈을 스켈레톤 국가대표 선발전에
보내지 않았다면, 강광배 교수가 그를 스켈레톤에 입문시키지 않았다면
지금의 윤성빈은 없었을 것이다.
그렇게 이웃을 사랑의 눈으로 살펴야 한다.
그리고 내가 어느 자리에 있던지, 무슨 일을 하던지
나의 이웃이 잘 되도록 돕는 선생이 되도록 마음을 다 하자.
우리 모두가 축복의 통로, 행복의 통로, 구원의 통로가 되자.
나의 이웃의 행복이 곧 나의 행복이다

문재인 뽑기

하늘에 뭉게구름이 떠 있는 주말 오후 동서, 처남, 동서의 남동생과 함께 운동을 했다. 골프 입문 16년 만에 처음으로 반바지를 입고했고, 18홀 내내 OK(홀에서 퍼터 길이 정도 붙일 경우 들어간 것으로 해주는 것) 없이 아무리 짧은 거리도 퍼팅을 했다. 그렇게 카운트해서 나는 106타이다. 통상 캐디피는 뽑기 방법으로 마련한다. 4명이 한 팀일 경우 각자 10만원씩 낸 다음 캐디피를 공제한 나머지 금액으로 5개 막대기가 들어 있는 뽑기 통에서 막대기를 뽑아 같은 색의 막대기끼리의 타수의 합계가 적은 팀이 이기고, 그렇게 해서 이긴 팀원이 1만원씩 받아 간다. 막대기 5개 중 2개는 빨간색, 2개는 파란색, 1개는 검정색이고, 검정색은 보기(boggy, +1)로 간주한다.

그런데 오늘은 '문재인 뽑기'라는 것을 해봤다. 버디(buddy, -1)를 하면 모은 돈에서 3만원을 받아가고, 아울러 동반자들이 그동안 받은 돈까지 가져간다. 파(par, 0)를 하면 2만원을, 보기를 하면 1만원을 받아간다. 그렇게 하다보면 금방 모은 돈이 소진된다. 모은 돈이 모두 소진되면, 그 다음부터는 돈을 가장 많이 가지고 있는 사람이 금고 역할을 하는 것이다. 캐디피는 OECD(6만원을 받은 다음 홀부터 OECD에 가입하고, 그 이후 OB, 헤저드, 벙커, 트리플, 쓰리 퍼팅를 하는 경우 1만원씩 토해내고, 한 홀 최대 2만원까지 토해낸다) 가입자가 토해 놓는 돈으로 마련한다. 17홀까지 돈을 하나도 못 벌어도, 18홀에서 버디를 하면 캐디피로 모은 돈을 제외한 모든 돈을 가져간다. 오늘 문재인 뽑기 결과이다. 8만원, 11만원, 8만원, 1만원. '문재인 뽑기'는 부자들의 돈을 뺏어서 가난한 사람들에게 나눠주는 문재인 정부정책을 비꼬는 게임이다. 문재인 정부는 다양한 계층의 국민들 마음까지 잘 살펴주기를 기대한다. 민심이 천심이다.

'책임'이라는 단어의 의미

노회찬 정의당 원내대표가 2018. 7. 23. 영원히 우리 곁을 떠났다. 나와는 전혀 인연이 없는 분임에도 나의 가까운 가족을 잃은 기분이다. 너무 마음이 아프고, 슬프다. 우리 국민들도 같은 마음인 것 같다. 그 분의 평안한 안식을 기원하고, 유족에게 하나님의 위로를 빈다. 너무 맑은 분이셨다. 너무 정의당을 사랑하셨다. 나라 사랑하는 마음이 참 큰 분이셨다. 그의 유서 내용을 요약하면 다음과 같다.

책임을 져야 한다.
정의당은 당당히 앞으로 나아가길 바란다.
국민여러분, 정의당을 계속 아껴주십시오.

그는 '책임'이라는 단어가 자신의 목숨과 바꾸어야 할 정도로 무거운 단어라는 것을 가르쳐 주고 떠났다. 나는 정당 활동을 하지 않기로 결심한 터라

정의당에 입당하지는 못하지만, 앞으로 정의당을 응원하며 살리라. 그의 소중한 뜻이 꼭 이루어지기를 기원한다. 아래는 고인의 유서 전문이다.

2016년 3월 두 차례에 걸쳐 경공모로부터 모두 4천만원을 받았다.
어떤 청탁도 없었고 대가를 약속한 바도 없었다.
나중에 알았지만, 다수 회원들의 자발적 모금이었기에
마땅히 정상적인 후원절차를 밟아야 했다.
그러나 그러지 않았다.
누굴 원망하랴.
참으로 어리석은 선택이었으며 부끄러운 판단이었다.
책임을 져야 한다.
무엇보다 어렵게 여기까지 온당의 앞길에 큰 누를 끼쳤다.
이정미 대표와 사랑하는 당원들 앞에 얼굴을 들 수 없다.
정의당과 나를 아껴주신 많은 분들께도 죄송할 따름이다.
잘못이 크고 책임이 무겁다.
법정형으로도 당의 징계로도 부족하다.
사랑하는 당원들에게 마지막으로 당부한다.
나는 여기서 멈추지만 당은 당당히 앞으로 나아가길 바란다.
국민여러분! 죄송합니다.
모든 허물은 제 탓이니 저를 벌하여 주시고,
정의당은 계속 아껴주시길 당부드립니다.

모든 국민은 법 앞에 평등하다

사법농단 의혹 정점으로 지목된 양승태 전 대법원장이 23일 오후 서울 서초구 서울중앙지방법원에서 열린 구속 전 피의자심문(영장실질심사)을 마치고 호송차로 향하고 있다. 양 전 대법원장은 일제 강제징용 피해자 소송, 전교조 법외노조 통보처분 행정소송, 원세훈 전 국가정보원장 댓글 사건 재판, 옛 통합진보당 지방·국회의원 지위확인 행정소송 등 재판에 개입한 혐의를 받고 있다. 2019.1.23/뉴스1 ⓒ News1 이재명 기자

헌법 제11조 제1항 모든 국민은 법 앞에 평등하다. 양승태 전 대법원장이 헌정 사상 처음으로 검찰에 피의자로 소환된 데 이어 서울중앙지방법원 명재권 영장전담 부장판사로부터 2019년 1월 24일 직권남용 등 혐의에 대한 구속영장이 발부되어 구치소에 수감되었다.

전 사법부의 수장 대법원장도 법 앞에 평등함을 선언한 명재권 부장판사에게 경의를 표한다. 또한 서울중앙지방검찰청 한동훈 수사팀장과 팀원들에게 힘찬 격려의 박수를 보낸다. 이것이 나라다운 나라. 누구든지 죄 지은 자는 그에 상응한 벌을 받아야 한다. 이제 대한민국은 '삼성공화국이'라는 오명만 벗으면 된다.

이겼다. 통일도 기대하자!

어젯밤 2018 FIFA 러시아 월드컵 F조 조별리그 3차전 경기에서 FIFA랭킹 1위 독일을 FIFA랭킹 57위 대한민국이 2:0으로 승리한 것을 보고, 이른 아침 나의 장모님이 가족 단체 카톡방에 올린 글이다.

이겼다. 통일도 기대하자!

나의 처가댁은 이산가족도 없다. 장인어른도 초등학교 교사로 정년퇴직한 평범한 가족이다. 그런데, 장모님은 우리나라가 독일을 이긴 월드컵 경기를 보시고, '통일도 기대한다'는 마음을 표현하신 것이다. 이처럼 우리 대다수의 국민들은 남북한의 통일을 간절히 바라고 있는 것이다. 아마 장모님은 독일을 도저히 이기기 어려울 것으로 알았지만 2:0으로 승리했듯이 통일도 온 국민이 힘을 합치면 이룰 수 있을 것이라는 마음이 들어서 그 마음을 표현하신 것 아닐까?

우리나라는 6.25 전쟁으로 폐허가 된 땅에서 2018년 현재 GDP 1조 6,932달러로 세계 12위 경제강국으로 성장했다. 월드컵 경기에서 아시아 국가로서는 처음으로 독일을 이긴 나라가 우리나라다. 우리나라는 무엇이든 할 수 있는 저력이 있는 나라다. 우리는 할 수 있다. 독일이 서독과 동독의 통일을 이루었듯이 우리도 평화롭게 남북한이 하나 되는 날을 기대하자.

내가 생각하는 통일이란?

내가 섬기는 이수교회에 통일선교부가 세워졌다. 통일에 대한 비전을 나누고, 나라와 민족을 위해 기도를 하는 모임이다. 오늘 통일선교부 두 번째 모임에서 나눈 주제는 '내가 생각하는 통일이란?'이다.

"통일이란 여정이다, 전라도와 경상도 처녀총각이 서로 결혼하여 동서화합을 이루듯 남북한 처녀총각의 결혼을 추진하자, 통일은 북한을 파란색으로 만드는 것이 아니라 파란색과 빨간색을 합쳐서 보라색이 되도록 하는 것이다, 통일은 함께 더 잘 사는 것이다, 평화통일, 복음통일, 하나님의 비전 성취가 이루어져야 한다."등 참 다양한 의견이 나왔다.

나는 박근혜 전 대통령 주장처럼 "통일은 대박이다"라고 했다. 남북한 체제도 다르고, 통일비용도 천문학적으로 들어갈 텐데 통일을 꼭 해야만 할까 의심하는 사람이 많다. 그렇다면 남북한 체제를 자유민주주의체제로 같게 하고, 통일비용을 남북한이 교류와 협력을 통해 미리 마련하면 되지 않을까? 시간이 걸리더라도 … 북한이 자유민주주의체제가 되지 않은 상태에서는 통일을 해서도 안 되고, 또한 법적으로도 통일이 될 수 없다. 같은 헌법이 적용되지 않는 한 같은 국가라고 할 수 없기 때문이다.

2017년 하반기는 곧 전쟁이 날 분위기였다. 북한은 연거푸 핵실험을 하고, 대륙간탄도미사일(ICBM) 발사시험을 하고, 미국은 금방이라도 북한 핵시설을 공격하겠다는 태도였다. 심지어 나의 아내는 방독면, 생수, 육포, 초콜릿, 초코파이 등 전쟁을 대비한 물품을 구입하기까지 했다. 결국 육포, 초콜릿, 초코파이는 유통기한이 지나서 버렸다. 서로 막대한 예산을 국방예산으로 사용하고, 서로 총부리를 겨누고, 서로 전쟁의 위험 속에 사는 것은 이제 그쳐야 한다. "우리는 한 민족이다" 문재인 대통령이 15만 평양시민들 앞에서 연설하시대로 우리 민족은 함께 살아야 한다.

> 우리 민족은 우수합니다.
> 우리 민족은 강인합니다.
> 우리 민족은 평화를 사랑합니다.
> 그리고 우리 민족은 함께 살아야 합니다.
> 우리는 5,000년을 함께 살고 70년을 헤어져 살았습니다.
> 나는 오늘 이 자리에서 지난 70년 적대를 완전히 청산하고
> 다시 하나가 되기 위한 평화의 큰 걸음을 내딛자고 제안합니다.
> - 문재인 대통령 평양 연설 중에서 -

그런데, 통일 반대세력은 도처에 있다. 일본, 중국과 러시아 뿐만 아니라 우방국인 미국조차도 통일을 원치 않음이 자명하다. 우리나라 사람들끼리 조차 통일이 어려운데, 체제까지 다른 남북한이 어떻게 통일할까? 지금은 남북한이 교류와 협력을 통해 신뢰를 쌓아가는 수밖에 없다. 우리는 함께 마음을 모아 평화통일과 복음통일을 위해 기도해야 한다. 중국 이도백하(二道白河)에서 장백산(長白山)을 오르지 않고, 북한 삼지연(三池淵)을 통해 백두산(白頭山)을 오르는 그 날이 곧 오길 기도한다. 통일은 대박이다!!

평화와 번영을 심고 키워야 한다

2018년 4월 27일 남북 정상이 함께 손잡고
판문점 군사분계선을 넘나들었다.

　새로운 역사는 이제부터
　평화의 시대, 력사의 출발점에서

김정은 국무위원장이 판문점 평화의집 방명록에 쓴 글이다.
지금 김정은과 북한의 태도는 위장 평화전술일 수 있다.
그렇지만, 북한이 계속 핵을 개발하고,
시도 때도 없이 미사일 발사시험을 하고,
미국이 북한 핵시설을 공격하겠다고 하는
준전시(準戰時) 상황을 멈추게 한 문재인 정부에 경의를 표한다.

다시는 이 땅에서 전쟁이 일어나게 해서는 안 된다.
미국, 중국, 일본, 러시아는 결코 남북한의 통일을 원치 않을 것이다.
우리나라가 주도해서 통일을 이루어야 하는 이유이다.
개성공단도, 금강산관광도 재개되어야 하고,
북한산 원자재도 직수입해야 한다.
이산가족은 당장 만나게 해야 하고,
남북한의 체육교류, 문화교류는 지속되어야 하고,
대한적십자사를 통한 의료지원과 인도적인 지원도 계속되어야 한다.
남북한 국어사전 편찬을 통해 언어의 통일을 기해야 하고,
남북한의 법률도 차츰 닮게 해야 한다.
도로, 철도, 바닷길, 하늘길 모두 열려야 한다.
그래서 북한이 중국 보다는 우리나라에 종속(從屬)되게 해야 한다.
이제 시작이다.
북한이 다시 오늘 이전으로 돌아가지 못하도록 만들어야 한다.
그래서 통일은 남북한 모두에게 대박이 되어야 한다.
통일문제만큼은 여당과 야당은 하나가 되어야 한다.
우리나라는 우리가 지켜야 한다.
이제 우리는 평화와 번영을 심고 키워야 한다.

사실상 봄

봄은 기상학적으로는 3~5월, 천문학적 구분인 절기상으로는 입춘(올해 2월 4일)에서 입하(5월 6일)이다. 기상청에서는 일평균기온이 5도 이상 올라간 뒤 다시 떨어지지 않는 첫날을 봄 시작일로 정의한다. 이 기준으로 보면 서울의 2019년 봄 시작은 2월 23일이다. 사실상 봄이 온 것이다.

나의 분신 법무법인 서호도 2019년 봄을 맞아 3월 중에 13년 동안 머물렀던 석우빌딩을 떠나 옆 건물 토투밸리 6층으로 이사한다. 새 건물에서 새로운 마음으로 좀 더 나은 법률서비스를 제공하고 싶다.

또한 2월 27일~28일 베트남 하노이에서 2차 북미정상회담이 개최된다. 남북정상회담과 북미정상회담을 통해 한반도에도 사실상 봄이 왔다. 봄이 오면 그 다음은 여름이지 겨울이 될 수 없다.

역사적으로 통일은 외부의 세력에 의해서는 결코 이루어지지 않았다. 미국, 중국, 일본, 러시아 그 어느 나라도 한반도의 통일을 바라지 않는다는 것을 망각하지 말아야 한다. 통일에 있어서는 여야가 나뉘어서도 안 된다. 우리 모두가 마음을 모아야 한다. 또 다시 핵과 전쟁의 공포 속에 살고 싶지 않다. 통일은 해도 되고 안 해도 되는 것이 아니라 꼭 해야 한다. 우리가 살 길이다. 남북한이 하나 되는 따뜻한 봄날이 하루 빨리 오기를 기원한다. 이제 봄이다.

특별한 일상

이수성결교회 박정수 담임목사님과 함께 남한에 온지 길게는 5년, 짧게는 1년밖에 안되는 새터민(탈북자라는 용어 대신 '새로운 터전에서 삶을 시작하는 사람'이라는 순 우리말) 청소년들이 찍은 사진 전시회(2018. 10. 25. ~ 28. 리홀아트갤러리 2층)를 다녀왔다. 이수교회 통일선교부 이태현 집사님이 섬기는 7명 청소년들의 작품이다.

사진 전시회 제목이 '특별한 일상'이다. 새터민 청소년들의 남한 생활 자체가 특별한 일상일 것이다. 새터민 청소년들이 김윤해 사진작가로부터 사진을 배운 후 철원 평야와 노동당사, 동해 바다 등을 사진기에 담았다. 고향을 그리워하는 마음을 담은 노랗게 물든 철원 평야 사진과 어둠이 내려앉은 자신이 살고 있는 빌라의 모습을 담은 사진을 보는 것만으로도 마음이 찡했다.

자신을 섬겨주는 누나의 모습, 세상을 응시하는듯한 인물 사진, 사진에다 만화 같은 그림을 그린 사진 등 이런 저런 이야기들이 묻어 있는 사진들을 통해 그들의 특별한 일상을 볼 수 있었다.

특히 동해바다를 처음 본 한 청소년은 푸른 바다 보다는 파도에 부딪치는 바위를 주로 찍었다. 그 바위가 자신처럼 느껴졌단다. 그 바위를 닮은 그 청소년은 매일 세찬 파도를 이겨내고, 먼 바다를 바라보면서 꿈을 키우고 있으리라. 그가 세상의 등대가 되어 어둠을 밝히는 멋진 삶을 살아가기를 기도한다.

우리는 한 민족이다!

지대방

《예민해도 괜찮아》의 저자 이은의 변호사, 서울대 간호대 출신 법무법인 서호 오지은 변호사와 함께 남대문시장에 있는 '중앙갈치식당'에서 맛있는 갈치와 고등어 조림, 삼치구이에 저녁식사를 하고, 이은의 변호사의 단골인 인사동에 있는 '지대방'이라는 전통찻집에 갔다.

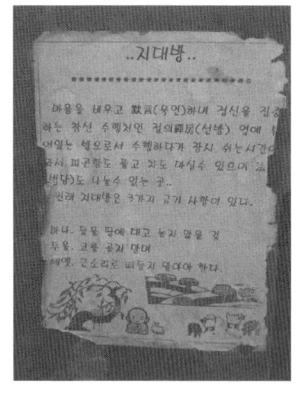

1982년부터 찻집이었으니, 얼마나 많은 사람들이 다녀갔을까? 들어가는 찻집 입구가 고풍스런 옛 대문 형태로 되어 있고, 화장실도 解憂所(해우소)라고 표기되어 있다. 탁자 위에는 고서(古書)처럼 생긴 '지대방일기'가 놓여 있는데, 그 책에 손님들이 자신들의 이야기를 일기 형태로 남겨 놨다. 그동안 써진 지대방일기가 책장에 가득히 꽂혀 있었다. 찻집에 들어서자마자 대추차 향기가 그윽하다. 직접 다려준 대추차의 맛은 글로 표현할 수 없을 정도로 맛있다.

찻집 이름인 '지대방'은 무슨 뜻일까? 지대방일기가 꽂혀 있는 책장 옆에 지대방이 무슨 뜻인지 소개하고 있는 글이 붙어 있다. 지대방이란 마음을 비우고 默言(묵언)하며 정신을 집중하는 참선 수행처인 절의 禪房(선방) 옆에 붙어 있는 방으로서 수행하다가 잠시 쉬는 시간에 와서 피곤함도 풀고 차도 마실 수 있으며 法談(법담)도 나눌 수 있는 곳이다. 원래 지대방은 3가지 금기사항이 있다. 하나. 등을 땅에 대고 눕지 않을 것, 두울. 코를 골지 말며, 세엣. 큰 소리로 떠들지 말아야 한다. 그런데, 우리는 그 금기사항 중 세 번째 금기사항을 어길 수밖에 없었다.

기꺼이 두 분 변호사의 '오래비'(오빠의 방언)가 되기로 해서 그런지 '무늬가 있는 뜨개질'처럼 이런저런 이야기를 하면서 즐거운 시간을 보냈다. 이은의 변호사는 "어찌 이렇게 시간이 빨리 가는지 모르겠다, 이럴 줄 알았으면 두 배 더 놀았을 것"이라면서, 지나간 세월을 아쉬워했다. 어떻게 가는 세월을 막을 수 있겠는가? 그렇기 때문에 '나만의 지대방'을 만들 필요가 있다. 그렇게 해서라도 하루하루 아쉬움을 덜 남기는 것이 지혜로운 삶이다.

물고기에 대한 예의

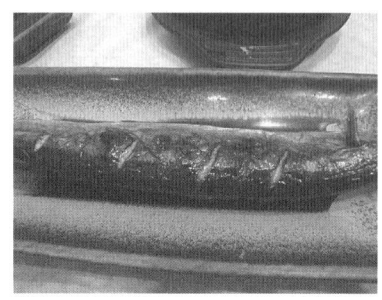

내가 사랑하고 존경하는 윤성철 변호사가
법무법인 서호를 방문해서 서호 변호사님들과 함께
참치집에서 점심식사를 하는데, 밑반찬으로 청어구이가 나왔다.
주문한 음식을 먹느라고 누구도 청어구이에 손을 대지 않자,
가장 연장자이신 한병식 변호사님이
청어를 먹지 않는 것은 "물고기에 대한 예의가 아니지"라고 하시면서,
청어를 먹기 좋게 바르셨다.
청어는 어부의 손에 잡혀 사람들 반찬으로 사용되기 위해
자신의 목숨까지 바쳐 식탁 위에 올려 졌는데,
우리가 안 먹는 것은 청어에 대한 예의가 아니라고 하신 것이다.
내가 가장 싫어하는 사람은 예의가 없는 사람이다.
예의가 없는 사람은 상대방을 전혀 배려하지 않는 사람이기 때문이다.
그런 점에서 물고기에 대한 예의까지 갖춘
우리 변호사님들은 정말 멋진 분들이다.
삼가 청어의 명복을 빈다.

양구 가는 버스 안에서

오늘은 2018년 크리스마스이브이다.
제21사단(백두산부대) 주임원사들을 대상으로
'군대 인권과 행복한 동행' 주제로
강의하러 강원도 양구 가는 버스 안이다.
지난해(12월 20일)는 사단 사령부 지휘부를 대상으로 강의를 했었다.
나를 찾아주는 곳이 있어 행복하다.

"더불어 사는 세상을 만들자"는 말을 할 수 있어 행복하다. 당신이 행복해야 내가 행복하기 때문이다.
어제 병상에 누워 계시는 장인어른을 보면서 나에게도 가고 싶어도 가지 못하고, 말하고 싶어도 말하지 못하는 날이 곧 올 것이라는 생각이 들었다. 그래서 오늘 양구 가는 길이 더 감사하다.

내가 살아있는 한 쓰임 받기를 원한다.
내 곁에 있는 가족들에게
단 하루라도 마음 아프지 않게 하고 천국 가고 싶다.
몸도 마음도 건강한 할아버지가 되고 싶다.
아침에 일어나 저녁에 잠드는 오늘 하루가 나의 인생이다.

Merry Christmas♡

선거연수원 미래지도자 열린 캠프

중앙선거관리위원회 선거연수원에서 주관하는 '제14기 미래지도자 열린캠프'에 다녀왔다. 이 프로그램은 2박 3일 동안 전국 고등학교 학생회장 등 학교에서 추천받은 미래지도자 120명이 참여한다. 올해는 '학교폭력 해결 방안'을 주제로 정책발표, 토론회, 상황극, 뮤지컬 등 창의적인 방식의 정책콘테스트를 통해 우수 정책을 선정한다고 한다. 나도 그 결과물이 기대된다.

특히 오늘은 사단법인 민주시민정치아카데미(약칭 '민정아') 김홍신 이사장님, 이용섭 선거연수원장님과 각 분야에서 활약하고 있는 민정아 임원들(방송분야 정선혜 이사, 공연기획분야 김용기 이사, 문화예술분야 안성민 카르테 오페라 단장, 해외사업분야 최유선 사무총장, 사회 이재성 개그맨)과 함께 하는 '미래의 리더를 위한 열린 토크 콘서트'를 진행하였는데, 나는 법조분야 패널로 참가했다.

김홍신 이사장님께서 미래지도자들에게 당부의 말씀을 하신 후 "여러분들 중에서 대한민국을 기쁘게 하고, 국민들의 희망이 되고, 세계에서 가장 존경

받는 인물이 나올 것이다"라는 말씀으로 끝을 맺었는데, "아멘"이 저절로 나왔다. 특히 "여러분의 이름 부르는 것이 기쁨이 될 수 있도록 하라"는 말씀은 내 마음에도 큰 울림이 있었다.

나는 법조 분야를 소개하면서, "돈을 벌기 위해서 법조인이 되어서는 안 된다. 변호사는 남을 돕는 직업이다. 큰 꿈을 가져라, 그 꿈이 여러분의 미래를 결정할 것이다. 민주시민정치아카데미 모토대로 대한민국을 감동케 하라"고 했다.

각 분야별로 날카로운 질문들이 쏟아졌다. 법조분야 질문으로는 최저임금 인상의 폐해로 실업자가 양산되고 있는데, 그에 대한 대책과 자치경찰제가 실시된 후 시·도별로 법이 다르게 적용될 경우에 대한 대책을 물었다. 첫 번째 질문은 "질문한 미래지도자가 그 답을 찾아야 할 것 같다"고 답을 했고, 두 번째 질문은 "범죄수사는 중앙경찰이 담당할 것이기 때문에 그런 상황은 생기기 않을 것이라"고 답했다. 우리 미래지도자들이 대한민국을 감동케 할 것으로 믿는다. 그들의 앞날에 하나님의 축복이 가득하기를 기도했다.

삼척의 하얀낭만

파도소리에 잠에서 깼다.
멋진 바닷가 절벽에 자리한 숙소 펜션 '하얀낭만' 근처를 혼자 산책했다.
싸라기눈이 내린다.
파도가 시계추처럼 일정하게 하얀 속살을 들어냈다 감추기를 반복한다.
해안선을 따라 길게 늘어선 철책선을 보면서
'따뜻하고 평화적인 통일'을 기원했다.
어제 사단법인 민주시민정치아카데미 가족들과 함께
소설 '인간시장' 작가 김홍신 선생님과 동행하여
삼척문인협회가 주최한 김홍신 선생님의 '문학과 민주주의의 가치'
강연회에 참석하기 위해 삼척에 왔다.
서울을 벗어나 강원도에 들어서니 눈이 내렸다.
창밖에 펼쳐진 설경이 한 폭의 그림이다.

오랜만에 눈이 호강했다.
나무들마다 힘들게 눈 덩어리를 이고 있다.
그런데 대관령을 넘어서자 나무들의 머리가 비어있다.
동해안이 더 따뜻한 것 같다.
김홍신 선생님이 강연회에서 하신 말씀이 귀에 맴돈다.

"허공은 모양이 없듯이, 사람 마음도 모양이 없는데,
사람은 생각을 만들어 고통스럽게 산다.
기왕 마음을 만들 거면
예쁘게, 착하게, 아름답게, 향기 나게 만들어야 한다.
생각의 쓰레기를 버려야 한다.
자기를 기쁘게 해주고, 사람을 용서해라.
즐겁게 살지 않으면 불법이다."

동해삼척 지역 국회의원인 이철규 의원님도
강연회와 저녁식사까지 함께 해주셨다.
삼척시 새마을지회와 재경 삼척시민회 등
삼척을 사랑하는 사람들이 자발적으로 나서서
지극히 섬기는 모습이 참 보기 좋았다.
나는 오늘 오후2시에 재판이 있어 일행을 뒤로 하고 먼저 상경했다.
다시 가고 싶은 삼척이다.
사람들이 좋아서 …

남산공원과 경리단길

가족과 함께 서울 남산에 있는
GRAND HYATT 호텔 앞쪽 남산공원과 근처 경리단길에 들렀다.
호텔 앞 남산공원 둘레길은 조용히 산책하기에 참 좋은 길이다.
길은 사방팔방으로 뚫려있어서 언제든지 돌아올 수 있다.
호텔 아래쪽 경리단길 길가 식당에서 흘러나오는
재즈음악이 행복을 더해준다.
음악을 전혀 모르는 나도 저절로 어깨를 들썩이게 한다.
1차로 파스타를 먹은 후 '새로운 마음'으로
2차로 초밥집에서 초밥을 먹고,
3차는 후식으로 배스킨라빈스31 아이스크림을 길을 걸으면서 먹었다.
역시 아이스크림은 식사 후에 먹는 것이 제 맛이다.
이렇게 남산에서의 밤은 깊어 간다.
멀리 보이는 남산서울타워가 이 밤을 지키려나 보다.

광릉수목원

화창한 봄날 광릉수목원으로 이수성결교회 새가족 야유회를 다녀왔다.
어제와 그제 내린 비로 하늘과 나무들은 목욕재계하고 우리들을 맞았다.
지난 3월 초순 버들강아지가 싹을 틔울 때 쯤
오늘 행사를 위해 사전 답사를 다녀왔는데,
그 때는 가래나무, 계수나무, 구상나무, 낙엽송, 메타세콰이어,
금강송, 잣나무 등이 옷을 벗은 채 관람객을 맞이하고 있었으나,
오늘은 그 나무들이 약속이나 한 듯
모두 연두색과 초록색 옷으로 갈아입었다.
또 하늘은 어찌나 이쁜지 …
어디에서 사진을 찍어도 예쁘게 나왔다.
아쉽게도 오늘은 수목원 안에 있는 카페에서 파는 맛있는

군고구마 맛을 보지 못했다.
광릉수목원은 미리 예약해야만 입장할 수 있고,
입장객도 하루 3,000명으로 제한하기 때문에 산책하기 딱 좋은 곳이다.
함께 동행한 분들이 좋아서 모든 것이 좋았다.
참 멋진 봄날을 주신 하나님께 감사했다.

가평 잣향기푸른숲

가을 하늘이 참 예쁜 주말에 가평 잣향기푸른숲을 다녀왔다.
이 숲은 아침고요수목원 근처에 있는데,
경기도 가평에 있는 축령산과 서리산 자락
해발 450~600m에 위치하고 있다.
이 숲은 수령 80년 이상의 잣나무님이
국내 최대로 분포하고 있는 산림휴양지이다.
서울에서 이 숲까지 오는 시간도,
이 숲을 둘러보는 시간도 약 1시간 30분 정도 소요된다.
방문자센터에 비치되어 있는 숲 안내도를 보고 둘러보는 것이 좋다.
입장료가 1,000원 밖에 하지 않고,
매표소 입구부터 조성된 코스모스길이 고향길 같아 참 좋았다.
말 그대로 꽃길이다.

아내가 "정말 좋다"라는 말을 앵무새처럼 반복한다. 어디를 가도, 어디를 봐도 그림이다. 숲길이 아니라 꿈길이다. 매미 두 마리가 외롭게 울고 있다.
아주 작은 목소리로 ...
매미들도 이 숲을 떠나기 싫은가 보다.
산 정상 부근에 작은 댐이 하나 있다.
이방 저방해도 서방이 최고라고 하는데, 이 댐의 이름은 서방댐이 아닌 '사방댐'이다.
사방댐 전망대에서 바라본 풍경은 정일품

이다.
일상에서 느낄 수 있는 작지만
확실하게 실현 가능한 행복을
'소확행'이라 하는데, 이것이 진짜 소확행 아닐까?

원주 소금산 출렁다리

원주 '소금산'은 금강산을 떼어다가 조그맣게 옮겨놓았다고 해도 손색이 없을 만큼 금강산이 지니고 있는 산세를 갖췄다고 하여 붙여진 이름이란다. 출렁다리 위에서 보는 전경은 말 그대로 소금산이다. 매표소에서 출렁다리까지 왕복하는데, 약 1시30분 정도 소요된다. 올라가는 길은 578개 계단으로 되어 있으나, 나무 데크로 되어 있고, 계단과 평지가 번갈아가며 설치되어 있어 전혀 힘들지 않다. 출렁다리 밑을 보면 아찔하지만, 주위를 보면 강과 산의 어우러짐이 참 이쁘다.

기독교대한성결교회 서울강남지방회 장로님과 권사님 80명이 오가시는 길이라서 그런지 출렁다리를 다녀올 때까지 비가 내리지 않다가 버스를 타고 오는 길에 비가 내렸다. 어제 알펜시아 스키 점프대를 갔을 때도 둘러보고 버스를 타자 비가 내렸다. 집회 때마다 폭우가 쏟아지기도 했지만, 1박 2일 동안 비가 우리 일행을 피해서 내렸다. 출렁다리 입장료는 3,000원인데, 원주사랑 상품권 2,000원을 준다. 일석이조요, 1타2피다. 그 상품권을 매표소 입구 근처 가게에서 자유롭게 사용할 수 있는데, 나는 브라보콘을 사먹었다. 거스름돈 500원까지 내준다. 원주시의 관광정책이 참 마음에 든다. 심지어 중국인 관광객들까지 보였다. 그렇게 관광객들이 찾아오게끔 만들어야 한다.

장사도와 소매물도

1. 장사도

　기독교대한성결교회 서울강남지방장로회 수양회 첫째 날 방문한 곳은 통영시 장사도이다. 섬의 형상이 누에를 닮아 '잠사도(蠶絲島)'라고도 한다. 장사도는 총 면적 390,131m^2, 해발 108m, 폭 400m, 길이 1.9km의 통영시 한산면 매죽리의 작은 섬이다. 과거에는 14채 민가와 83명의 주민이 살았었고, 장사도 분교와 아주 작은 교회도 있다. 장사도는 거제도의 '외도'와 비슷하게 개인이 개발한 섬이지만, 외도가 인공미가 많이 가미되어 있다면, 장사도는 옛 길을 복원하고 지형지물을 보존 활용한 자연친화적 문화해상공원이다. 중앙광장과 무지개다리 위에서 바라본 바다, 동백터널 길 등 이동하는 길마다 자연스럽게 만들어진 나무터널 길, 야외공연장, 온실, 야외갤러리 등 섬 전체를 차분히 둘러보는 데, 약 1시간 30분 정도 걸린다. 섬 가운데 카페와 식당도 있다. 섬아기집 편상에 앉아 있으니 저절로 섬에 살고 싶어진다. 나무 사이로 보이는 바다는 치명적인 유혹이다. 다시 가고픈 참 아름다운 섬이다.

2. 소매물도

수양회 둘째 날 방문한 곳은 통영시 소매물도이다. 통영이 우리나라 땅이라서 참 좋다는 생각을 했다. 아기자기한 섬들과 잔잔한 바다 그리고 맑은 하늘은 보고 있으니 꿈을 꾸는 듯 하다. 소매물도는 장사도와 달리 펜션도 있어서 숙박이 가능하다. 마트와 커피숍도 있고, 멍개덮밥 맛이 일품인 식당도 있고, 해삼, 멍개, 소라를 파는 가판대도 있다. 함께 동행한 권사님이 바닷길을 걸을 줄 아시고 샌들을 신고 오셨는데, 참 고생을 많이 하셨다. 관악산 등산 한다는 마음으로 꼭 등산화를 준비해야 한다. 소매물도 선착장에서 바로 쉼터로 올라가서 망태봉, 전망대, 바닷길(열목개), 등대섬으로 갔다가 다시 돌아오는 약 2시간 코스가 있고, 남매바위 쪽 흙길을 걷는 약 3시간 코스가 있다. 팸플릿에는 1시간30분 ~ 2시간 코스라고 안내하고 있으나, 그것은 20~30대 걸음거리인 것 같다.

소매물도를 둘러보고 난 느낌은 꼭 울릉도에 온 기분이었다. 망태봉에서 바라본 등대섬은 한 폭의 그림이다. 하루 2회 썰물 때 들어나는 바닷길이 참 이쁘다. 둥글둥글한 크고 작은 조약돌이 연한 연두색으로 염색한 곳도 있다. 등산길에는 물이 전혀 없기에 생수를 꼭 갖고 길을 나서야 한다. 목이 마를 때는 좌우 길가를 잘 살펴봐라. 붉은 산딸기가 군데군데 숨어 있다. 쉼터에서 내려오는 길목에 있는 큰 뽕나무에 달린 오디도 따 먹었다.

소매물도는 행정구역상 통영시에 속하지만 거제도 저구항에서 출발한다. 주의할 것은 반드시 신분증을 지참해야 한다. 출항시간은 08:30, 11:00, 13:30, 15:30. 소매물도 나오는 시간은 09:30, 12:05, 14:30, 16:15이다. 단체 40명 이상은 선사 협의 후 수시 운항이 가능하고, 배삯은 평일 왕복 24,000원, 주말 26,300원이다. 가족과 함께 내년에 꼭 다시 오고 싶다. 우리나라 참 좋은 나라다.

4박 6일 하와이 여행기

1. 첫째 날 : Alo~ha!

우리 부부는 결혼하고 신혼여행 때 제주도 여행 다녀오고, 결혼 초 아내가 학회 참석 차 스웨덴에 갔을 때 포터(짐꾼)로 따라간 이후 결혼 19년 만에 아이들을 남겨두고 단 둘이 4박 6일(2018.5.31.~6.5.) 하와이 여행을 다녀오기로 했다. 작년에 생각한 나의 버킷리스트 10가지 중 하나가 '매년 아내와 단 둘이 1박 2일 이상 여행하기'인데, 이번에 실천을 해서 기분 좋다. 꿈은 삶의 원동력이다. 큰 꿈이든 작은 꿈이든 꾸자.

아내가 처음부터 끝까지 준비해준 하와이 여행길에 나섰다. 차려진 밥상에 밥숟가락만 얹은 느낌이다. 도착 당일만 가이드가 호텔 체크인 할 때까지만 안내를 해주고, 귀국할 때까지 자유여행이다. 우리는 4박 6일 동안 오하우(O'AHU)섬만 둘러보기로 했다. 나는 심지어 여행사에서 보내준 일정도 하와이 도착해서 봤고, 하와이 여행기 한 편 읽지 않고 인천공항으로 출발했다. 나는 각종 단체나 모임에서 총무나 회장을 하면서 1~2년치 행사계획을 세우고 각 행사를 준비한 적은 있어도 부끄럽지만 결혼생활 동안 단 한 번도 우리 가정의 휴가계획을 세워본 적이 없다. 아내가 모두 알아서 하기 때문이다. 아내도 내가 부럽단다.

아내가 비행기 좌석을 좌우 통로 쪽을 예약했다.(20C와 20D) 비행기 탑승을 체크하는 직원이 부부 같은데 좌석을 떨어지게 예약했다고 생각했는지 좌석번호를 다시 되묻는다. 그래서 내가 "요새 우리 부부 사이가 안 좋아요."라고 답했다. 장거리 비행기여행 때는 통로 쪽이 편하기 때문에 아무리 부부 금슬이 좋더라도 잠시 떨어져 가는 것도 괜찮은 것 같다. 그렇지만 손만 내밀면 잡을 수 있는 거리이기에 너무 아쉬워 할 필요는 없다. 생각보다 비행기는 작다.

인천공항 제1터미널에 조금 일찍 도착해서(아시아나항공은 제1터미널, 대한항공은 제2터미널에서 출발한다), 아내가 롯데면세점 회원 가입하고 받은 쿠폰 등으로 화장품을 절반 가격으로 샀다면서 너무 좋아한다. 한편으로는 많이 미안했다. 또한 내 핸드폰은 하루 9,900원이면 해외에서 핸드폰 데이터를 무제한으로 사용할 수 있는데, 아내는 포켓 와이파이를 빌리면 둘이 사용해도 하루 3,500원이면 된다면서 Skypass에서 포켓 와이파이를 빌렸다. 참 알뜰하다.

하와이는 한국보다 시차가 19시간 느리다. 즉, 하루가 늦은 대신 5시간 빠르다. 비행기 탑승시간은 갈 때 약 9시간, 올 때 약 9~10시간 소요된다. 기내식은 탈 때 밤 9시경과 새벽 3시경 두 번 나왔다. 기내식이 아니라 유명한 맛집 음식을 먹는 기분이다. 나는 이 세상에는 맛있는 음식과 더 맛있는 음식만 존재한다고 생각한다. 그런 입장에서 볼 때 아시아나 기내식 더 맛있는 음식에 속한다. 입에 차악 붙는다. 심지어 아내가 남긴 빵까지 먹었다. 다행히 기내에는 아메리카노 커피밖에 없어 나에게 치명적인 유혹인 '카라멜마끼아또'를 먹을 지 말 지를 고민 안 해서 좋았다. 더군다나 모든 음료가 공짜 아닌가? 10년 전 아내가 아이들을 데리고 미국 시애틀로 1년간 연수 갔을 때 미국을 한 번 방문한 적이 있는데, 그 때 기내에서 술을 공짜로 준다는 것을 알고 엄청 많이 마셨다가 억수로 고생한 적이 있다. 교회 장로가 된 이후로는 술과 이혼을 한 지라 앞으로는 그런 해프닝은 없겠지만, 살짝 아쉽기는 하다.

옆에 중국인이 앉아 있었다. 나는 그 중국인과 나의 짧은 중국어 실력으로 대화하고 싶었으나 용기를 내지 못했다. 승무원이 말 한 단어 중 '지단(鸡蛋 : 계란)'이라는 단어를 알아듣고 '지단' 아닌 것을 달라고 했다. 이어서 '워야오카페이(我要咖啡 : 커피 주세요)'라고 했더니, 아내가 웃는다. 나는 5~10

년 이내에 중국으로 유학을 가서 중국어도 공부하고, 중국변호사를 비롯한 수많은 중국인들과도 교류하고 싶다. 또한 중국에서 중국어로 '행복한 동행' 책과 '중국견문록(또는 중국 365일)'을 발간하고, 중국어로 강의하는 것이 목표인데, 아내는 대뜸 "다행이다~"라고 말한 적이 있다. 내가 그렇게 중국어로 유창하게 강의할 정도가 되기는 어려울 것이라는 안도의 마음이 무의식중에 표현된 것이다. 그래서 요새 나는 1주일에 1~3회 아침 8시부터 9시까지 하는 중국어 초급반을 악착같이 다니고 있다. 나도 할 수 있다는 것을 아내에게 입증해 보이고 싶다.

호놀룰루 국제공항(2017년 5월부터 대니얼 'K. 이노우에 국제공항'으로 이름이 바뀌었다.)의 하늘은 정말 맑고 푸르다. 다만, 대니얼 이노우에 공항은 1910년에 개항한 공항이라서 그런지 국제공항이 아니라 시골공항 같다. 공항 검색대 직원이 여행 마치고 어디로 갈 것이냐는 질문에 아내가 한국으로 복귀한다고 할 때 내가 "No~ North Korea~"라고 했더니 크게 웃는다. 공항 외부 남자화장실에 탈의실 2개와 좌변기가 하나 밖에 없다.

공항에서 여행사 가이드를 만나 호텔 체크인 시간인 오후 3시경까지만 동행할 다른 세 가정과 함께 미니버스를 타고 공항을 빠져 나오는데, 길가에 같은 종임에도 7가지 꽃이 피는 레인보우 샤워 트리(Rainbow Shower Tree)라는 나무가 환영인사를 하는 것 같다. 하와이는 화산이기에 산 중턱 이상에는 나무들이 없어서 민둥산 같지만, 도로변이나 주택가, 공원 등에 심겨진 야자수, 플루메리아(Plumeria) 등 각종 나무들이 참 멋지다.

하와이의 명소인 주정부 청사는 지나가면서 봤고, 우리 일행이 첫 번째로 들른 곳이 1882년 건립된 이올라니 궁전이다. 가이드는 아바타에 나온 나무 '반얀 트리'(뿌리가 수염처럼 치렁치렁 달려서 줄기처럼 보이는 나무) 앞에서 꼭 사진을 찍으라고 해서 반얀 트리가 하나 밖에 없는 줄 알고 열심히 사진을 찍었는데, 하와이 곳곳에 반얀 트리가 있었다.

점심식사는 와이키키리조트 호텔레스토랑에서 '로코모코'라는 하와이 전통 음식과 파스타를 먹었는데, 나름 맛있었다. 로코모코는 밥과 스테이크에 양념을 하고, 반숙계란을 올린 요리인데, 한 마디로 '함박스테이크 계란볶음밥'이다.

두 번째로 둘러 본 곳은 오하우섬 동쪽 해안가이다. 우선 그 유명한 와이키키 해변을 지나 다이아몬드헤드를 바라만 보고, 다시 카할라 고급 주택가를 지나서 해안도로를 따라 가는데, 곳곳이 절경이다. 바다색이 진한 파란색 물감을 풀어놓은 듯 하다. 한 폭의 그림이다. 버스는 하나우마베이 비치 파크를 지나 '블로우 홀'(Blow Hole)이라는 곳에 정차했다. 구멍이 난 바위에서 파도가 크게 칠 때마다 바닷물이 뿜어져 나오는 곳이다. 사방이 참 멋진 곳이다. 눈이 호강했다. 태평양에서 불어오는 바람이라서 그런지 가을바람 같이 시원했다.

버스는 중간에 샌디 비치 파크(Sandy Beach Park)와 돌고래 바위와 토끼바위가 있는 곳에 정차했는데, 바닷가에는 남의 이목은 신경 쓰지 않고 비키니를 입은 채 큰 대(大)자로 자는 사람들이 있었다. 눈 둘 곳을 찾기 힘들었다.

우리가 머물 퀸 카피올라니 호텔(Queen Kapiolani Hotel)에서 체크인을 하고 조금 쉬었다가 호텔 근처 수제 햄버거 집에서 햄버거와 치킨을 저녁식사 대용으로 먹었는데, 가격 대비 맛이 별로였다. 한국의 치킨이 진짜 치킨이다.

이른 저녁식사를 마치고 그동안 영상으로만 보던 와이키키(Waikiki) 해변을 둘러봤다. 그런데 생각보다는 해변이 그다지 크지 않았다. 저녁에 보기로 한 매직 오브 폴리네시아(MAGIC OF POLYNESIA) 공연을 보러가는 길목에 ABC마트에 들러 하와이 향기가 묻어 있는 옷을 하나 샀다. 서울에서 입고 온 양복에 입는 반팔 T-셔츠 보다 100배 멋있는 것 같다.

매직 오브 폴리네시아 공연은 공연만 봐도 되고, 공연장에서 칵테일이나 음식까지 먹으면서 공연을 볼 수 있는데, 공연이 시작되면 음식을 먹을 틈을 안준다. JOHN이라는 사람이 신기한 여러 마술을 보여주고, 중간 중간에 하와이 전통춤을 보여주는데, 지루한 줄 모르게 시간이 갔다. 강력히 추천한다.

공연을 마치고 돌아오는 길에는 거리의 악사들이 밤늦게까지 연주와 공연을 하고 있었고, 곳곳에 횃불들이 활활 타오르고 있었다. 하와인들은 불을 숭상한다고 한다. 호텔 들어가는 길목에서 ABC마트에 들러 샐러드와 연어초밥, 컵라면(신라면)을 사서 허기진 배를 달래줬다. 와이키키 해변에는 ABC마트가 한 집 건너 있고, 파는 물건도 참 다양하다.

하와이를 방문하는 사람들이 처음 듣게 되는 말이 알로하(Alo~ha)이다. 원주민 사이에서 알로하란 사랑, 친절, 존경, 이별 등의 의미를 지닌 아름다운 하와이 말이지만, 흔히 "안녕하세요", "잘 가세요"라는 인사말로 쓰고 있다. 길가에서 사진 찍을 때 지나가던 승용차가 한 참을 정차하면서 우리가 사진 찍을 때까지 기다려주었고, 그가 지나가면서 오른 손으로 '알로하' 손 인사(두번째~네번째 손가락을 구부리고, 엄지와 새끼손가락을 펴는 모습)를 하고 갔다. 내일부터 하는 자유여행이 기대된다.

2. 둘째 날 : 모두가 그림이다

하와이 시간으로 새벽 3시 30분경까지 첫 날 여행기를 다듬다 보니 늦게 잠자리에 들었는데, 얼른 잠이 오지 않아 깊은 잠을 자지 못했다. 그래서 아침 8시 30분경 일어났다. 기상시간이 자유롭다는 것이 자유여행의 최대 장점 아닐까?

묵고 있는 호텔이 리모델링 중이라서 조식을 와이키키 해변이 보이는 '룰루'(Lulu's)라는 식당에서 먹었다. 호텔에서 나와 식당으로 가는데, 아내와 나의 입에서 동시에 감탄사가 나왔다. "우와~ 정말 멋지다." 참으로 멋진 하늘과 바다이다. 어디 안 다니고 이 해변을 보는 것만으로도 충분할 것 같다는 생각이 들었다.

어제 잠시 본 와이키키 해변을 본 느낌과 오늘 아침의 느낌은 전혀 달랐다. '룰루' 식당은 사거리 코너에 있고, 2층에 위치하고 있는데, 한 쪽은 동물원이 있는 공원이 보이고, 정면은 바로 와이키키 해변이 보인다. 사진을 찍는 순간 바로 작품이 된다. 눈에 보이는 것을 전부 사진이 담을 수가 없다. 모두가 그림이다.

아침식사 메뉴로 스크램블(scramble)과 팬케이크(pancakes)를 주문했는데, 양이 어마어마했다. 미국 어린이들은 대체로 날씬한데, 자라면서 그렇게 많은 양의 음식을 먹다보니 몸이 어마어마하게 되는 것 같다. 신기하게도 부상당한 비둘기 한 마리가 식당에 들어와 식탁 밑을 두루 다니면서 먹거리를 찾고 다닌다. 하와이 새들은 사람들을 전혀 안 무서워한다.

아침식사를 마치고 렌트카 회사(Alamo)를 방문했다. 구글 맵이 있으니까 길을 물을 필요도 없다. 또한 나의 페이스북은 나의 페이스북 친구 누구누구가 하와이를 방문했었고, 하와이 맛 집은 어디 어디라고 소개까지 해준다.

승용차를 이틀간 렌트하고, 휘발유 값 포함하고, 네비게이션(GARMIN, 한국어도 지원 되지만, 한국어를 말하는 여자의 목소리는 AI가 하는 말 같다. 네비게이션 속 여자가 계속 반말을 한다.) 빌려주는 것까지 합쳐서 총 182달러 지불했다. 참고로 우리 집에서는 내가 운전이 서툴기 때문에 아내가 대부분 운전하는데, 하와이에서도 자연스럽게 아내가 운전했다. 아내의 몸 컨디션도 좋지 않은데, 가정의 안전을 위해서는 어쩔 수 없다. 암튼 미안하고 미안하다.

고속도로 진출 시까지 길이 막혔다. 네비게이션과 스마트폰의 구글 네비게이션을 동시에 켰는데, 둘의 의견이 다를 때는 구글 네비게이션을 따르는 것이 좋다. 한국에서는 구글 네비게이션이 안 되지만, 이곳에서는 된다. 구글 네비게이션이 되기에 굳이 렌트카에 부착하는 네비게이션은 필요 없었는데, 괜히 렌트한 것 같다. 나중에는 렌트한 네비게이션을 아예 사용하지 않았.

여행 둘째 날 맨 먼저 들른 곳은 다운타운에서 약 40분 거리에 있는 와이켈레 아웃렛 쇼핑몰(Waikele Premium Outlets)이다. 아내는 할인 쿠폰북을 받을 수 있는 것까지 프린터해서 왔다. 참 알뜰하고, 꼼꼼한 사람이다. 나는 편한 운동화를 샀다.

쇼핑을 하고 아울렛 내에 있는 '무지개식당'이라는 푸드 트럭에서 파는 김찌찌개와 파인애플새우를 먹었는데, 한국의 맛이 느껴졌다. 밥과 반찬을 하나도 남김없이 모두 비웠다. 하와이에서는 파인애플과 새우가 특히 맛이 좋다고 한다.

H2 고속도로 제한속도는 55마일(시속 88km)이다. 고속도로 포장 상태는

우리나라가 더 좋은 것 같지만, 이곳은 고속도로 톨게이트가 없다. 미국은 LA 같은 대도시 외에는 톨게이트비가 없다고 한다. 우리나라도 하와이처럼 고속도로 이름을 경부선은 H1, 호남선은 H2로 짓는 것은 어떨까? 우리나라를 방문하는 외국인들을 배려하는 차원에서 …

두 번째로 들른 곳은 파인애플농장(Dole Plantation)이다. 늘 한국에서 보던 바나나와 파인애플 상표인 'Dole' 농장이다. 하와이 여행기를 보면, 이구동성으로 파인애플 아이스크림을 꼭 먹어봐야 한다고 하는데, 그냥 저절로 사 먹게 된다. 겁나게 맛있다. 파인애플 기념품 매장도 참 크다. 파인애플과 관련된 상품은 다 모아놓은 듯 싶다. 아이스크림 가게에서 고령의 할머니와 젊은 아가씨가 함께 아이스크림을 판매하는 모습이 참 보기 좋다. 국민에 대한 최고의 복지는 일자리이다. 그 할머니의 건강과 평안을 기원한다.

아이스크림을 먹은 후 파인애플 기차(PINEAPPLE EXPRESS)를 탔다. 요금은 1인당 11.5달러이다. 2마일(1마일 1.6km, 즉 3.2km)를 미니 기차를 타고 과거 사용하던 농기계가 놓여 있고, 바나나 등이 심겨져 있는 파인애플농장을 한 바퀴 돈다. 나는 처음에 파인애플 농장에 파인애플은 안보이고, 키 작은 나무들만 즐비해서 언제 파인애플 나무가 보이나 했더니, 그 키 작은 나무들이 파인애플 나무였다. 야자수나 바나나와 같이 큰 나무에 파인애플이 열리는 줄 알았는데, 그렇게 키 작은 나무에서 하늘을 향해 파인애플 열매가 자라고 있었다.

세 번째로 들른 곳은 지오반니(GIOVANNI'S) 새우트럭이다. 푸드 트럭에서 음식을 파는데, 영업 종료시간이 가까웠음에도 사람들이 많았다. 구글 네비게이션이 오후 5시에 영업이 종료된다는 것까지 안내해준다. 우리는 새우요리를 하나 주문했는데 14달러이고 또한 현금만 된다. 파리가 자유롭게 날아다니고, 불쾌한 냄새까지 나는 곳이라서 추천하고 싶지 않다. 음식 맛은 있었다.

네 번째로 들른 곳은 북쪽 해안가(North Shore) 주변에 있는 카웰라 베이 비치 공원(Kawela Bay Beach Park)이다. 많은 사람들이 서핑을 하고 있었다. 하와이는 서핑 천국이다. 도로 주변에 화장실이 흔치 않아서 공원에 있는 화장실을 이용해야 한다. 한가롭게 큰 나무 그늘 아래에 함께 모여 바비큐를 해 먹는 모습이 보기 좋았다.

다섯 번째로 선셋비치(Sunset Beach)을 들렀다. 해변이 그다지 크지는 않았지만 이름에 걸맞게 해 지는 모습이 아름다웠다. 해변가 야자수나무에 익은 열매가 3개 달려 있는 것이 보여서 그것을 따 보려고 떨어져 말라버린 야자수 열매와 작은 돌을 몇 번 던져봤지만 실패했다. 그런데 '꿩 대신 닭'이라는 말이 있듯이 아주 작은 야자수 나무에 손으로 딸 수 있는 높이에 열매가 달려 있어서 결국 하나를 땄다. 아내에게 자랑스럽게 야자수 열매를 땄다고 했더니, 아내가 대뜸 "이

아저씨가 미쳤나, 왜 하나만 땄어~"라고 한다. 부창부수이다.

마지막으로 들른 곳이 터틀베이(Turtle Bay)이다. 리조트와 퍼블릭 골프장이 함께 있어서 그런지 큰 주차장에 차들이 가득 차 있었다. 거북이들이 많이 나타나는 곳으로 유명한 곳인데, 바다에서 서핑하는 사람들만 보이고 거북이는 못 봤다. 리조트 안에 있는 수영장에 설치된 무대에서 남자가수 한 명이 노래를 부르는 것을 들으면서 멀리 석양을 바라보고 있으니 낙원 같았다.

터틀베이에서 호텔로 오는 데는 1시간가량 걸렸다. 해안을 따라 도로가 나 있는데, 도로가 바닷가에 바로 붙어 있다. 큰 풍력발전기가 돌아가는 모습과 길가에 병풍처럼 서 있는 나무들이 참 멋지다.

밤 8시 30분경 호텔에 도착했는데, 호텔 직원이 호텔 주차장에 주차를 하면 30달러를 부가하고, 호텔 맞은 편 동물원이 있는 공원주차장을 사용하면 1시간당 1달러라고 하여 공원주차장에 주차하고 주차비 정산기에서 정산한 것을 렌트가 운전석 위에 놓았다. 미국은 그렇게 하는 것이 당연하고, 그렇게 하지 않으면 과징금을 많이 물린다고 한다.

호텔에서 간단히 샤워한 후 아침에 차 렌트하러 가는 길에 사람들이 줄 서 있는 식당(Eggs'n Things)을 가보기로 하고 길을 나섰다. 그런데 그 식당이 밤 10시에 문을 닫는다고 해서 다시 호텔로 돌아가는 길에 돼지고기 전문 요리점에 들러 샐러드와 느끼한 라면을 주문해서 먹었는데, 그것을 먹은 후 계속 설사를 했다.

참고로 하와이는 물이 좋아서 그냥 마셔도 된다고 한다. 그래서 호텔에서 물을 제공하지 않는다. 그렇지만, 그렇게 물은 깨끗하지만 수도관이 노후되어서 하와이에 사는 사람들은 물을 정수해 먹는 사람이 많다고 한다. 내일은 설사가 없기를 기대한다.

3. 셋째 날 : 다이아몬드 헤드(Diamond Head)

둘째 날 여행기 정리 하느라 새벽 2시경 잠이 들었음에도 오늘 가고자 하는 다이아몬드 헤드 주립기념공원을 가기 위해서 아침 5시 50분(한국시간 00:50)에 기상해서 이만 닦고 출발했다. 6시 10분에 나섰는데, 그 시간에 아버지와 딸이 서핑하려고 바닷가로 가는 모습을 봤다. 대단한 부녀지간이다.

다이아몬드 헤드는 와이키키 호텔에서 승용차로 약 10분 거리에 있다. 다이아몬드 헤드 개원시간은 오전 6시부터 오후 6시까지이고, 마지막 입장은 오후 4시~4시 30분이다. 연중무휴이다. 입장료는 1명당 1달러, 자동차의 경우 1대당 5달러이다. 택시를 타는 경우에는 다이아몬드 헤드와 와이키키 간 편도요금은 약 15달러라고 한다. 버스는 2번과 23번이 다이아몬드 헤드 주립공원 간판 근처 버스정류장까지 왕복한다. 버스 요금은 어른 2.5달러, 학생 1.25달러이다.

다아아몬드 헤드 주차요금 정산소에서 나눠주는 안내문에는 입장에 적합한 시간대는 오후 1시~4시라고 되어 있으나, 하와이는 낮이 무척 덥기 때문에 이른 아침시간이 더 좋은 것 같다. 주말이기는 하지만 오픈시간이 06:00인데,

이미 주차장이 거의 다 찼다.

우리는 올라가는데 벌써 내려오는 사람도 있고, 나는 걷는 것도 숨찬데 뛰어 가는 사람도 있다. 심지어 샌들을 신고 온 사람도 있다. 비록 산이 높지는 않지만 산 1/3 지점부터는 바닥이 돌인지 시멘트인지 구분이 안 될 정도로 울퉁불퉁하게 되어 있어 등산화는 아니더라도 최소한 운동화는 신는 것이 좋다. 긴 팔을 입고 올 지 말 지를 고민했는데, 주차장에서 도착했을 때는 다소 쌀쌀했지만, 굳이 긴팔은 안 입어도 될 듯 싶다. 만약 하와이 와서 다이아몬드 헤드를 올라가지 않았다면 많이 후회했을 것 같다. 올라가면서 주위 풍경 때문에 쉴 필요는 없다. 정상에 올라가면 눈에 보이는 풍경이 모든 것을 보상해 준다.

다이아몬드 헤드 정상 높이는 761피트(약 232m)밖에 안 되지만, 등산로가 평평하지 않고, 74개와 99개 콘크리트 계단, 54개 철제 계단, 터널이 있어서 관악산 등산하는 기분이 들었다. 정상에는 2차대전 때 사용된 엄폐호가 있는데, 그 엄폐호에서 보이는 바다는 말없이 출렁이고 있었다. 왕복 1.6마일(2.56km)이고, 소요시간은 왕복 1시간 20분 정도면 될 것 같다. 등산을 시작하면 화장실도 없고, 물도 없기 때문에 물은 꼭 갖고 가야 한다.

다이아몬드 헤드에서 나와 호텔로 돌아가는 길에 사람들이 한 곳에 많이 모여 있어서 가 봤더니 매주 토요일 오전에만 열린다는 파머스 마켓(Farmer's Market)이었다. 신선한 농산물과 각종 먹거리가 제공되었다. 우리 부부는 아침식사를 해야 해서 몽키 바나나와 애플망고를 각 2개씩만 샀다. 아침 8시가 채 안되었는데, 사람들이 참 부지런한 것 같다. 농산물은 신선할지 모르겠으나, 가격은 저렴하지 않다. 하와이의 물가는 대체적으로 비싼 것 같다.

호텔에 도착해서 샤워한 후 08:30경 조식이 제공되는 룰루 식당으로 갔다. 식당에서 음식을 기다리는데, 곁에 오레곤주에서 2주전에 오셨다는 결혼 50

주년차이신 할아버지 내외분이 앉으셨다. 아내는 그 할아버지와 함께 이야기 보따리를 풀어 놓는다. 할아버지는 할머니를 "자신의 보스"라고 소개하고, 지금도 보스에 의해 훈련을 받고 있다고 하신다. 아내가 "스노우쿨링하자고 한 것을 남편이 무섭다고 거절한다."고 하자, 할아버지가 "남편이 훈련이 덜 되었다. 훈련을 더 시키라."고 하셨다. 스테이크 음식이 나오자 할아버지가 할머니 것을 잘라서 먹기 좋게 해드린다. 참 보기 좋다. 나의 꿈은 몸도 마음도 건강한 할아버지가 되는 것인데, 그 할아버지는 나의 꿈을 이루신 것 같다. 유머까지 있으시다. 유머는 여유로운 삶의 향기다.

오늘은 첫 날 주마간산 격으로 둘러본 동쪽 해안을 다시 둘러보기로 했다. 동쪽 해안을 가는 길에 코코 크레이터(Koko Crater)를 바라볼 수 있는 라나이전망대에서 정차했다. 그곳에서는 한반도 지도처럼 생긴 한반도 마을이 보인다.

두 번째로 둘러볼 장소는 하나우마 베이(Hanauma Bey)였는데, 주차장이 가득 차서 입구에서 진입을 막는 바람에 가보지 못했다. 그래서 첫 날 둘러본 할로나 블로우 홀(Halona Blow Hole)을 가기 전에 승용차를 정차할 공간이 생겨서 세웠는데, 그 블로우 홀을 전체를 내려다 볼 수 있는 곳이어서 풍경이 더 멋졌다.

세 번째 들른 곳은 마카푸 포인트(Makapu'u Point)이다. 아래 주차장에서 정상까지 가는데만 40분가량 걸리는데, 나무 그늘도 없고 아스팔트길만 계속 걸어가야 한다. 그 곳은 아예 공용화장실도 없고, 음료수 파는 데도 없다. 반드시 물을 준비해가야 한다. 유모차도 갈 수 있게끔 아스팔트 포장이 잘 되어 있고, 어떤 아버지와 아들은 자전거를 타고 올라가기도 했다. 그런데 그 부자는 올라가는 것이 힘들었는지 금방 다시 내려왔다. 아침에 다이아몬드 헤드를 등산하고 온 나로서는 마카푸 포인트를 올라가는 것이 다소 힘들었다. 오늘 일정은 '여행이 아니라 훈련' 같다. 여기서도 샌들을 신고 올라오는 분이 있었다. 다이아몬드 헤드처럼 바닥이 울퉁불퉁하지 않아 샌들을 신고 올라갔다 올 수는 있으나, 올라가는 데만 약 40분 정도 소요되기에 운동화는 신고 가는 것이 좋다.

정상의 풍경은 어떠했을까? 솔직히 나는 다이아몬드 헤드 정상에서 본 풍경 보다 더 좋았다. 그야말로 장관이다. 백문이 불여일견이다. 아무리 힘들더라도 꼭 들려봐야 할 곳이다. 특이하게도 다이아몬드 헤드와 마카푸 포인트 정상에서는 한국 사람을 드물게 만났다. 여행사에서 가이드할 때 보여주기식 관광 안내만 해서 그런 것이 아닐까? 정상에서 내려올 때 보는 풍경도 참 좋다.

네 번째로 들른 곳은 카일루아 비치(Kailua Beach)이다. 이 곳 바다빛은 파란색이 아니라 에메랄드빛이다. 물감으로는 그 바다색을 낼 수 없을 것 같다. 돗자리 펴 놓고, 잠 한 숨 자고 싶었다. 아내와 함께 잠시 해변가에 앉아서 멍 때리는 것도 좋았다. 이동 중에 갈증이 나서 세븐 일레븐에서 물을 사면서 아이스크림을 샀는데, MELONA와 붕어 싸만코 제작회사가 대한민국의 빙그레였다.

카일루아 비치 근처 맛집인 'BOOTS & KIMO'S' 에 들러 팬케이크(Onolicious Pancakes 11.99달러)와 오믈렛(Shrimp

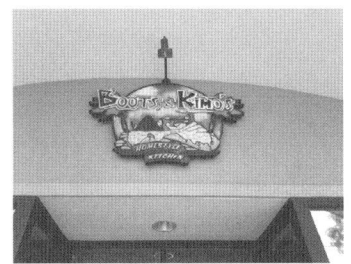

Alfredo Omlelette 15.95달러) 그리고 구아바(Guava 2.85달러)쥬스를 주문했다. 이 식당은 평일은 오후 2시, 주말은 오후 2시30분까지만 영업한다. 영업 마감 시간임에도 손님이 줄을 설 정도로 손님이 많고, 돈을 더 벌 수 있음에도 문을 닫을 수 있다는 것이 신기하다. 더군다나 주말에 ... 마카다미아(Macadamia) 소스 때문인지 팬케이크 자체 맛인지 입에서 살살 녹는다. 참 고소하다. 오믈렛은 치즈가 많이 들어가서 다소 느끼하지만, 맛이 일품이다. 이곳은 현금만 되고, 대략 팁은 5달러이다. 하와이에서 대부분 신용카드를 받는데, 그렇게 현금만 받는 것은 드물다고 한다.

영화 '쥬라기공원', '고질라' 등 유명 할리우드 영화 촬영지인 쿠알로아 랜치(Kualoa Ranch)가는 길목에 있는 마우나윌리 지역은 산림이 울창하다. 다이아몬드 헤드가 민둥산이라면, 쿠알로아 랜치는 영화 '쥬라기공원'에서 보는 바와 같이 정글이다. 쿠알로아 랜치에서는 ATV투어, 정글 탐험 투어, 짚라인 투어, 승마 투어 등 다양한 체험을 할 수 있는데, 우리는 그냥 기념품 판매점에 들러 화장실만 이용하고 나왔다.

오늘 마지막 방문지인 폴리네시안 문화 센터(Polynesian Culture Center)를 오후 4시30분경에 도착했다. 오는 길에 한 두군데 정차를 하면서 시간을 사용한 것이 아쉬웠다. 주차장에는 전기차 충전기가 있었다. 우리는 기본 입장료만 끊었는데, 입장료가 1인당 10.45달러로 매우 저렴하다. 우리는 할레 알로하 공연이 유료공연인지 모르고, 그 공연이 끝날 때 쯤 공연하는 모습도 일부 관람했다. 타히티 섬 공연장에서는 선생님으로 보이는 분이 북을 치면서 여자 무용수들이 춤을 추는 것을 도와주고 있었다. 나도 양해를 구하고 잠시 춤을 배웠는데, 엉덩이 돌리는 것이 쉽지 않았다. 우리 부부는 주변을 둘러보다가 오후 5시30분 카누를 타고 폴리네시아를 이루고 있는 각각의 마을들을 카누에 앉아서 둘러봤다.

이어서 오후 5시 30분에 시작하는 통가섬 공연을 30분 정도 봤는데, 잉글랜드, 오스트리아, 한국에서 온 각 사람들이 1명씩 나와서 통가 주민과 함께 북치는 모습이 인상적이었다. 우리가 도착할 때는 대부분의 공연이 끝났었다. 12시부터 시작하는 사모아 섬 원주민들의 공연을 비롯해서 아오테아로아, 피지, 타히티 등 각 섬 원주민들의 공연을 보지 못해 몹시 아쉬웠다.

우리는 통가 공연 도중에 나왔다. 저녁 6시부터 '하와이안 여정(Hawiian Journey)'이라는 곳에서 상영하는 하와이 각 섬들을 소개하는 영화를 보기 위해서다. 영화 속 하와이의 풍경은 그야말로 장관이다. 전체 하와이를 코끼리에 비유한다면, 나는 그동안 그 코끼리의 한 쪽 발만 본 것에 불과했다. 하와이에 관한 영화를 보고 나서 약 1시간 정도를 폴리네시아 섬들 공연장소를 둘러봤다. 각 공연장들을 여유롭게 둘러 볼 수 있어서 좋았다.

저녁식사는 그 곳 안에 있는 레스토랑(Pounders Restaurant)에서 했다. 망고피자(Mango Mascarpone Pizza 15달러)와 샐러드(Tropical Salad 12달러)를 주문했는데, 양이 어마어마하고, 맛도 참 좋았다.

공연 보는 시간에 비가 내렸나 보다. 차에 비 내린 흔적이 있다. 하와이는 그렇게 소리 소문 없이 잠깐 뿌리는 비가 많단다. 그런 비는 잠시 더위를 식힐 정도로 잠깐 동안 조금 내리기에 우산까지 준비할 필요는 없다. 오늘 보다 나은 내일을 기대한다.

4. 넷째 날 : 결혼 60주년은 하와이에서!!

오늘도 셋째 날 여행기 다듬느라 새벽에 잠들었지만 호텔에서 가까운 에덴교회 7시30분 주일예배를 드리기 위해 7시에 일어나 에덴교회를 찾아 나섰다. 에덴교회는 주택가에 위치해 있고, 1층 건물이지만 주차장도 넓은 참 아름다운 교회였다.

에덴교회 인석진 담임목사님 설교말씀 본문은 사무엘상 27장 1~4절과 28절 1~2절이고, 설교주제는 '처마 밑으로 피하지 말고, 구름 위로 올라가세요'이다. 목사님 설교말씀 중 기억나는 것을 정리해 본다. 다윗은 사울 왕이 자신을 잡으러 다니자 다급한 나머지 하나님의 뜻을 묻지 않고 자신의 생각대로 자신을 따르는 600명과 함께 이스라엘의 적국인 블레셋으로 도망치면서 스스로 그것을 '상책'이라고 한다. 다윗이 블레셋으로 도망친 후 1년 4개월 동안은 괜찮았으나, 블레셋이 이스라엘과 싸우려고 군대를 모집할 때 아기스는 다윗에게 그 군대에 참가하라고 하여 더 난처한 상황을 초래한다. 다윗처럼 인생의 폭우를 만났을 때 본인 생각대로 하지 말고 하나님께 피해야 한다. 중국 병법책에서도 6계는 성동격서, 31계는 미인계, 36계는 피하는 것이다. 요셉이 보디발의 아내의 유혹을 이겨낼 수 있었던 것도 그 자리를 피했기 때문이다. 무조건 하나님께 피해야 한다.

> 그러나 주께 피하는 모든 사람은 다 기뻐하며
> 주의 보호로 말미암아 영원히 기뻐 외치고
> 주의 이름을 사랑하는 자들은 주를 즐거워하리이다
> - 시편 5편 11절 -

오늘 목사님 설교말씀 중 특히 기억하고 싶은 단어는 '딸'이다. 인터넷에 떠도는 유머로 남자의 오복은 건강, 돈, 딸, 친구, 아내이고, 여자의 오복은 건강, 돈, 딸, 친구까지는 동일한데, 여자의 다섯 번째 복은 '남편이 없는 것'이란다. 남자와 여자의 오복 중에 공통적으로 들어 있는 '딸이 있어야 한다.'는 것에 동의한다. 오늘 저녁 크루즈 여행에서 만난 장로님 부부는 딸만 셋인데, 딸들이 여행을 보내준 것이라고 자랑한다. 첫 날 만난 부부도 딸 두 명과 함께 왔고, 크루즈에서 일가족이 여행을 왔는데, 거기도 딸이 2명 있었다. 다행히 나도 딸이 한 명 있다.

예배 후 목사님과 성도님들이 아침식사를 하고 가라고 하셔서 호텔에서 조식을 제공하지만 교회에서 주신 김치가 들어간 콩나물국밥을 참 맛있게 먹었다. 7시 30분 예배에 참여한 모든 분들이 함께 식사하고, 커피도 한 잔 하면서 대화를 나눴다. 가족 같은 교회이다. 에덴교회가 2018년 표어대로 '가르치고 전하여 고치는 교회'가 되길 기도한다.

예배를 마치고 하와이 전통 빵인 말라사다를 파는 레오나르드 베이커리(LEONARD'S BAKERY)를 갔다. 말라사다는 일종의 도넛인데, 매우 달고 찰지다. 어느 대기업 회장이 말라사다를 좋아해서 하와이에서 가지고 온 똑같은 재료로 똑같이 만들었는데, 하와이에서 만든 것과 맛이 달랐다고 한다. 그 차이는 물 때문이었다고 한다. 그만큼 하와이 물이 좋다고 한다.

말라사다의 이름은 '살짝 구운'이란 포르투갈어로 포르투갈 이민자들이 하와이에 정착하면서 만들어 먹으면서 유래되었다고 한다. 1952년부터 영업을 한 맛 집인데, 길게 줄을 서는 것은 기본이다. 빵집이 그다지 크지도 않는데,

실내에 공항에서 볼 수 있는 줄 선이 있고, 가게 앞에는 하와이주 깃발이 펄럭인다. 빵 하나를 팔더라도 그렇게 나라 이름을 걸고 팔아야 한다.

렌트카를 반납한 후 호텔 근처 스타벅스에서 아내가 화이트 쵸콜렛모카 1개를 주문했는데(5.5달러), 화장실이 건물 내에 있지 않고 길 건너 와이키키 비치 공용화장실을 사용하라고 하여 그냥 호텔로 갖고 와서 먹었다. 카라멜 마끼야또만큼 맛있다. 마침 TV에서 LPGA U.S. WOMEN'S OPEN 마지막 라운드에서 한국의 김효주와 태국의 A. 주타누간 연장전을 중계해줘서 봤다. 아쉽게도 김효주 선수가 2등 했다.

와이키키 해변을 둘러봤다. 컴퓨터를 켜면 배경화면으로 등장하는 곳에 가보니 흑인 한 분이 낚시를 하고 있다. 둘째 날 야자수 나무에서 딴 코코넛을 아침식사 하면서 먹어볼 생각으로 식당에서 제공한 나이프로 코코넛 끝을 자르려고 했으나, 껍질이 단단해서 왠만한 칼로는 자를 수가 없었다. 그래서 코코넛을 들고 다니다가 와이키키 해변가에서 돌출한 시멘트 모서리에 코코넛을 찍어서 쪼갠 다음 벌어진 틈 사이로 코코넛 음료를 마셨는데, 맛이 별로다.

와이키키 해변에 있는 아쿠아리움을 갔는데, 규모가 아주 작고, 전시하고 있는 산호들과 물고기들도 부실하다, 어린이를 동반한 경우가 아니면 굳이 찾아갈 곳은 아니다. 잠깐 둘러보는데, 성인 요금이 12달러이다. 공원에 있는 큰 나무들이 모두 분재다. 공원에서 악단들의 연주에 맞춰 야외 공연을 하고 있었다. 찬양 사역자 2명이 "내 영혼 평안해"등 찬송가 등을 부르는 것을 보다가 왔다.

ABC마트에서 선물용 초콜렛을 샀다. ABC마트에서 구입한 금액이 100달러가 넘으면 사은품을 준다고 해서 그동안 보관하고 있던 영수증을 합쳐보니까 200달러가 넘었다. 그래서 하와이 글자가 새겨진 머그잔과 훌라춤을 주는 하와이 여인이 새겨진 머그잔을 사은품으로 받았다.

아내가 하와이 현지 여행사인 '가자 하와이'를 통해 디너 크루즈(Star Of Honolulu)를 예약했다. 4가지 크루즈 여행 상품이 있는데, 우리는 1층에서 식사를 하고, 대게 무한리필, 스테이크가 제공되는 1스타를 예약했다. 1인당 116달러이다. 이곳에서는 팁을 안줘도 된다. 크루즈 입구에 'Mahalo'(마할로)라는 돌석이 있다, Mahalo는 하와이 말로 '감사합니다'라는 뜻이다.

크루즈에서 음료수로 마이 타이(Mai Tai)가 제공되었는데, 아무리 맛을 봐도 알콜이 들어있는 것 같아 직원에게 물어보니 남자에게는 알콜이 들어있는 것을 여자에게는 알콜이 들어있지 않는 것을 제공한다고 한다. 그래서 얼른 바꿨다. 1스타(star)일 경우 1인당 116달러인데, 음식도 맛있고, 식사 후 펼쳐지는 공연을 보는 것만으로도 그 값어치는 하는 것 같다. 신혼부부가 결혼해서 신혼여행을 가는데, 폴리네시안 섬 전통춤을 구경한다는 스토리로 공연을 한다. 타이티, 뉴질랜드, 사모아, 하와이 등 전통춤을 연기자들이 땀을 뻘뻘 흘리면서 정말 열심히 춘다. 하와이에서는 여성이 머리에 꽃을 꽂을 때 좌측에 꽂으면 기혼, 우측에 꽂으면 미혼이라고 한다. 그래서 나도 좌측 머리에 꽃을 꽂았다.

하선할 때 쯤에는 승객들이 어울려 함께 춤을 추는 시간도 있다. 결혼 60주년 되는 노부부께서 무대에 나와 춤을 추시는 모습은 정말 아름다웠다. 사회자가 할아버지인데, 진행은 20대 청년처럼 잘 하신다. 누구나 선상 꼭대기에 올라가서 석양

을 볼 수 있는데, 선상 바람이 세차기 때문에 긴 팔을 준비하는 것이 좋다. 아내가 타이타닉 주인공처럼 해달라고 했는데, 쑥스러워서 못 해줬다. 내년 결혼 20주년에서는 용기를 내볼 생각이다.

하와이 마지막 일정으로 탄탈루스라는 곳에서 야경을 봤다. 카메라에는 그 야경이 담기지 않는다. 눈과 마음으로만 담을 수 있다. 구름이 보이는 흐린 날씨인데도 별이 보인다. 가이드가 이것은 별도 아니란다. 아무리 바쁘더라도 가끔 하늘은 쳐다보고 살자.

와이키키에서 수영과 서핑, 하나우마베이 스노우쿨링, 마우이섬과 빅 아일랜드섬 투어, 폴리네시안 문화센터 여유 있게 다시 가보기, 쿠알루와 랜치 ATV 체험.

아내가 하와이에서 하고 싶은 것들 목차만 적은 것이다. 가이드는 분명 하와이는 관광지가 아니라 휴양지라고 했는데, 아내에게는 '훈련지'인 것 같다.

참고로 화산이 폭발하고 있는 빅 아일랜드는 호놀룰루와는 약 350km, 비행기로 약 45분 정도 떨어져 있어서 하와이 여행 하는 데는 전혀 문제없다. 제주도에서 화산이 폭발했는데, 인천에 있는 사람에게 문제없냐고 묻는 격이다.

아내 따라서 숟가락만 들고 얼떨결에 온 하와이 여행이지만, 하나님은 매일 아름다운 하와이를 보여주셨다. 감사하고 감사하다. 크루즈에서 만난 결혼 60주년을 맞이한 그 노부부처럼 우리 부부도 60주년은 하와이에서 보낼 수 있기를 기대한다. 결혼 19년차에 두 번째 신혼여행을 하와이에서 즐겁게 보내게 해주신 하나님께 감사하고 감사하다. 세 번째 신혼여행도 하와이에서 보내고 싶다.

얼른 할아버지가 되고 싶다. 몸도 마음도 건강한 할아버지가 되고 싶다. 아내도 나와 함께 몸도 마음도 건강한 할머니가 되기를 기도한다. 내가 여행 내내 여행기 정리한다고 새벽2~3시까지 잠을 못 자고, 사랑의 눈빛 보다는 사진만 열심히 찍은 것 같다. 그래서 지금 내 마음은 미안함으로 가득 찼다. 앞으로는 아내와 여행할 때는 여행기를 쓰지 않기로 했다. 부족한 나를 데리고 살아준 그리고 살아줄 아내를 사랑하고 축복한다. Alo~ha!

10인의 내몽고 4박 5일 여행기

1. 첫째 날 : 말이 씨가 된다!!

반포중 졸업생을 둔 아버지들의 모임인 '반포중 부자유친 OB모임' 회원 32명 중 10명이 내몽고로 여행을 간다. 6.13 지방선거일 오후 출발해서 주일 오후에 돌아오는 4박 5일 일정이다. '투표는 총알보다 강하다.'(아브라함 링컨) 나는 사전투표일에 투표했다. 6.13 오늘 오직 국민만을 섬기는 참 일꾼들이 뽑히길 기대한다. 6.12 70년 만에 마주선 북미 정상회담이 있었고, 6.14 러시아월드컵 개막식이 예정되어 있어 이래저래 잊지 못할 여행이 될 것 같다.

중국 몽골족 자치구 네이멍구자치구를 약칭하여 '네이멍구(Neimenggu)'라고 하고, 우리나라에서는 중문 '內蒙古'를 그대로 읽어 '내몽고'라고 한다. 힘든 상황을 넘겼을 때 '죽을 고비를 넘겼다.'라는 말을 하는데, 그 고비라는 단어는 '고비사막'에서 유래되었다. 그 고비사막을 두고 북쪽에는 몽골, 남쪽에는 내몽고로 갈라져 있다. 네이멍구는 대부분 몽골과 국경이 맞닿아 있으나 동쪽으로는 러시아와도 국경을 접하고 있다. 몽골에는 약 300만 명의 몽골족이 거주하고 있고, 네이멍구에는 총 2,500만 명 중 한족이 80%, 몽골족은 17%인 약 400만 명이 살고 있다고 한다. 이처럼 내몽고는 중국의 5대 소수민족인 몽골족 자치구이고, 몽골은 울란바트로가 수도인 몽골리아(Mongolia)의 줄임말로 전혀 다른 나라다.

나는 공항 갈 때마다 늘 지하철만 이용했는데, 오늘은 6020 리무진버스를 이용했다. 구반포역 쪽에서 인천공항 제1여객터미널까지 약 40분밖에 걸리지 않았다. 리무진버스 시간대만 맞출 수 있다면, 리무진버스가 지하철 보다 훨씬 편했다. 공항에 도착해서 이번 여행에 동행한 젊은 기업가 강재호 대표를 따라 아시아나 퍼스트 클래스 라운지를 들렸다. 라운지에 준비된 식음료도 훌륭하고, 심지어 샤워시설, 수면실까지 마련되어 있었다. "영업은 고객의 애로사항을 해결하는 것이지 물건을 파는 것이 아니다."라는 강재호 대표의 영업론에 공감한다. 이번 지방선거에서 선출된 공직자들이 국민들의 애로사항을 해결해 주는 해결사로 자리매김하기를 기대한다.

여행 첫날 일정은 인천에서 베이징으로 갔다가 베이징에서 네이멍구 후허하오터(Hohhot, 呼和浩特)에 도착한 후 호텔에서 숙박하는 것이다. 우리가 탑승할 에어 차이나에 12:35 탑승 예정이었는데, 중국 현지 사정으로 항공기가 연착하여 15:00 이후 출발예정이라면서 항공사에서  1인당 10,000원 점심식사권 바우처를 나눠줬다. 아마 혼자 기다렸으면 지루했을텐데, 함께 기다리니까 지루함은 없었다. 지금부터 여행의 시작이다. 나와 강재호 대표는 아시아나 라운지에 다시 가서 푸욱~ 쉬었다. 항공사는 다시 저녁 때 저녁식사권 바우처를 나눠줬고, 나와 강재호 대표는 세 번째로 아시아나 라운지를 이용했다. 오늘 지방선거 출구조사 결과까지 TV로 시청했다. 우리 일행들이 서서히 지쳐갈 때 쯤 비행기는 20:25 이륙했다. 라운지에서 배부르게 식사를 했음에도 제공된 에어 차이나 기내식(치킨요리)까지 맛있게 먹었다. 여행은 먹는 재미가 최고 아닐까? 암튼 인천공항에 오전 10시20분경 도착해서 10시간 가량 인천공항에 머물다가 떠난 것이다. 잊을래야 잊을 수 없는 중국여행이다. 중국은 우리나라 보다 1시간 느리다. 미국은 동부와 서부 시차가 4시간 차이가 나는데, 중국은 모든 곳이 동일하게 1시간 빠르다.

말이 씨가 된다. 오늘 아시아나 퍼스트 클래스 라운지 이용시간이 30분 밖에 되지 않아 내가 "조금만 더 이용했으면 좋았을 것 같다."고 말했는데, 그 말대로 세 번이나 이용했다. 또한 일행 중 맏형인 황선춘 형이 "이번 여행에서 왜 베이징여행을 하자고 않지?"라고 말했는데, 베이징공항에 도착해보니 네이멍구 후허하오터행 비행기가 취소되고, 내일 저녁 9시 비행기편으로 변경되어 있었다. 심지어 일행 중 한 사람은 "내 옆자리에 할머니만 앉지 않으면 된다."고 말했는데, 할머니가 앉으셨단다. 정말 농담이라도 말조심해야 한다.

베이징공항에 도착해서 별 저항감 없이 지문 등록하고, 항공사에서 바꿔준 항공표를 받고, 항공사에서 준비해준 버스를 타고 항공사에서 잡아준 호텔(Jiuhua Resort)에서 1박 했다. 규모가 어마어마하다. 8층 엘리베이터에서 내려 객실을 찾아가는데, 객실 통로가 150미터는 족히 넘었다. 호텔 편의점에서 간식거리를 사서 담소를 나누다 새벽 1시20분경 아쉬움을 뒤로 하고 해산했다. 내일은 베이징여행을 하는 대신 순서를 바꿔서 셋 째날 가기로 한 윈강석굴을 먼저 가기로 했다. 윈강석굴은 베이징과 네이멍구 사이에 있기 때문이다. 동행하는 어느 아버지의 딸(고3)이 아빠에게 보낸 문자가 우리를 행복하게 한다. 참으로 긴 하루였다.

소매치기 당하지말고!!
장기 다 있는지 확인하고!!
담배피면 그거 다 우리가 마시는거다!!
술마시지 말고!!
생존신고하고!!

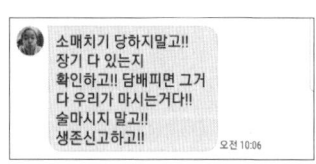

2. 둘째 날 : 윈강석굴(云冈石窟)

잠이 오지 않아 뒤척이다가 새벽 2시경 겨우 잠이 들었는데, 5시경 잠에서 깼다. 여행은 설렘의 연속이다. 아침 7시에 호텔 뷔페식으로 먹었다. 요리가 참 많았으나, 나는 옥수수와 빵, 청경채 볶은 것과 볶음밥을 먹었다. 표고버섯 요리가 있어 2개를 집었는데, 먹으려고 보니 버섯 모양의 빵이다.

베이징 날씨 넘 좋다. 미세먼지도 없는 것 같다. 하늘도 참 맑다. 39인승 버스 조수석에 앉아서 한 눈에 보이는 길가 풍경 보는 즐거움이 크다. 흘러나오는 중국노래도 좋다. 버스에 노래방기계가 있어서 덩리쥔(鄧丽君)의 첨밀밀(甜蜜蜜)과 월량대표아적심(月亮代表我的心)을 따라 불렀다. 베이징에서 윈강석굴을 가는데 약 5시간 소요된다. 가는 길목에 만리장성도 보인다. 고속도로 주변에 미류나무 등 각종 나무들을 많이 심겨져 있고, 곳곳에 풍력발전기기가 있다.

우리는 전혀 의도하지 않았지만, 네이멍구 여행은 베이징에서 버스 타고 가는 것도 좋은 것 같다. 가는 길에 있는 만리장성도 둘러보고, 창밖으로 보이는 풍경도 보고, 졸리면 자고 … 여행은 고지 점령하듯 다닐 필요 없다. 가다가 힘들면 쉬어 가자. 하늘도 보고, 산도 보고, 사람도 보고 …

고속도로 휴게소에 들렀는데, 하늘이 끝내주게 맑다. 휴게소는 남녀 화장실과 작은 편의점 1개 그리고 주유소가 전부이다. 어디 앉아서 쉴 곳도 없다. 화장실에는 휴지가 비치되어 있지 않고, 쭈그려 앉아서 볼 일을 보는 대변기 외 좌변기도 4개 준비되어 있었다. 전기자동차 충전하는 장치도 있다. 휴게소 편의점에서 병으로 된 스타벅스 커피 모카를 1개 샀는데, 22위엔 약 3,740원으로 우리나라와 별 차이가 없다. 고속도로 중간 가드레일에 나무들이 심겨져 있어 운전하는데 더 편하게 느껴진다. 평일이라서 그런지 차들이 거의 안 보인다. 승용차는 몇 대 보이는데 버스는 못 봤다. 산시성 톨게이트에 들어서니 아스팔트가 시멘트로 포장되어 있다.

윈강석굴이 있는 다퉁시(大同市) 어느 마을에 가서 중국요리를 먹었는데, 주문한 10가지 요리가 신기하게도 모두 맛있다. 식당에서 손님들이 자유롭게 담배를 피우고 있고, 어떤 손님은 상의를 탈의하고 식사를 한다. 손님 중에 여성은 우리 중국인 가이드 외엔 안 보이는 것 같다. 근처 과일가게에서 수박 한 통(25위엔)과 바나나 1송이(11개, 13위엔)를 사서 우리들도 먹고 식당 손님들에게도 나눠드렸더니 손님 한 분이 식사 후 감사하다면서 악수하러 오셨다.

윈강석굴은 산시성(山西省) 다퉁시 서쪽 15km 지점에 있는 사암(砂岩)의 낭떠러지에 조영(造營)된 중국에서 가장 큰 석굴사원이다. 2001년도 유네스코 세계문화유산으로 등재되었다. 그런데 특이하게도 그 내용을 찾아볼 수도 없었고, 홍보책자도 없다. 윈강석굴의 전체 길이는 동서로 약 1km에 이르고, 크고 작은 석굴의 총수는 42개이다. 윈강석굴의 석상들은 북위시대에 60여년 동안(460~525년) 만들어졌다고 하는데, 그 규모를 보면 60

년 동안에는 도저히 만들 수 없을 것 같다. 동행한 중국인 가이드는 500년에 걸쳐 만들어졌다고 틀리게 설명했지만, 우리는 그 틀린 설명에 오히려 공감했다.

특히 석굴 내 불상들을 위에서부터 조각해서 내려왔다고 하는데, 그 입체감과 정교함, 살아 움직이는 듯한 부처들의 표정은 그야말로 장관이다. 문화대혁명시대 홍위병들이 불상을 많이 훼손했다고 한다. 참 어리석은 사람들이다. 제20동의 높이 14m의 노좌대불(露座大佛), 제19동의 높이 17m의 대불을 보면 저절로 감탄사가 나온다. 백문(百聞)이 불여일견(不如一見)이다. 윈강석굴과 박물관까지 모두 둘러보는 데는 약 2시간 정도는 잡아야 할 것 같다. 그래서 우리 일행은 나올 때는 윈강석굴에서 왕복 운행하는 코끼리기차 같은 것을 타고 나왔다. 입장료는 125위엔 약 21,200원으로 다소 비싸다.

고속도로는 정비가 잘 되어 있는 편이고, 주변에 육림(育林)도 잘 하고 있는 것 같다. 가이드 말에 의하면, 네이멍구는 늦어도 밤 10시까지는 고속도로 진입해야 하고, 그렇지 않으면 진입을 막는다고 한다. 우리 일행은 오후 4시경 윈강석굴에서 출발했다. 네이멍구 후허하오터시(呼和浩特市)까지 약 4시간 소요된다. 우뚝 솟은 산봉우리에 지은 절이 보인다. 물이 부족한 동네인데, 그렇게 산 꼭대기에 절을 지으면 물은 어떻게 조달할까 염려된다. 네이멍구 톨게이트에 진입한 이후 멀리 보이는 산들이 대부분 민둥산이다. 휴게소에서 잠시 쉬는데, 현대 소나타 승용차가 들어와서 반가웠다.

후허하오터시에 도착하니 공안(경찰)이 버스에 올라와서 검문까지 한다. 후허하오터시 한 가운데 인공으로 조성한 강이 흐르고, 도시가 서울 강남대로변처럼 대부분의 건물들이 크고 고급스럽다. 녹지 조성도 잘 되어 있고, 도로도 바둑판처럼 아주 깔끔하다. 최근에 지은 계획도시 같다. 자전거도로도 잘 되어 있고, 지하철은 설치 공사 중이다. 공원에서 연을 날리고, 연인인지 부부인지 스포츠댄스를 하는 모습이 보기 좋다. 몽골어로 된 간판도 자주 보인다.

저녁식사는 중국식당에서 양러우후어꾸어(羊肉火锅, 양고기 샤브샤브)를 먹었는데, 정말 맛이 일품이다. 국물이 정말 시원하다. 마지막 그 국물로 밥죽을 만들어 먹었다. 여행 중 해서는 안 되는 것이 다이어트인 것 같다. 쩐하오츠(真好吃) 호텔에 들어와 짐만 풀어놓고 단체로 함께 발 맛사지를 받고 왔다. 밤이 되니 가을 날씨처럼 선선하다. 오늘 밤은 잠을 자지 말자는 사람도 있다. 이 밤이 지나가는 것이 너무 아깝다고 … 여행은 추억 속에 계속 머물고 싶어 한다.

3. 셋째 날 : 시라무런초원에서 말타기

　새벽 5시경 눈을 떴다. 호텔 뷔페식이 어제보다 질적으로 두 단계 업그레이드된 느낌이다. 팥죽 향이 나는 죽, 계란 후라이, 이름 모를 노란색 앙금이 들어 있는 찐빵, 볶음밥, 짠 미역줄기와 국적을 알 수 없는 콩나물무침에다 맛있게 먹었다. 과일은 우리나라 과일이 최고다. 수박 썰어 놓는 것이 나보다 못하다. 참고로 중국인들은 담배를 정말 많이 피는 것 같다. 심지어 호텔 방 안에도 재털이와 성냥갑이 비치되어 있다. 호텔에서 시라무런초원(希拉穆仁草原 xilamurencaoyuan)까지 2시간 가량 소요된다. 미장원 직원 10여명이 미장원 앞에서 구호 같은 것을 외치고 들어간다.
　네이멍구 모든 지역에서는 간판에 몽골어를 병기되어야 하고, 심지어 신분증에도 중국어와 몽골어가 병기되어 있단다. 다만, 그 신분증을 분실하여 재발급 받을 경우에는 중국어로만 표기된 신분증을 받는다고 한다. 후어하오터시에는 약 300만 명이 사는데, 몽골족은 약 30만 명 밖에 안 된다고 한다. 그래서 시내에서 몽골 전통복장 착용자를 보기 어렵고, 겨우 버스 탔을 때에 안내방송으로 몽골어와 중국어가 나온다고 한다. 후허하호터시 주민들의 월 평균 수입은 3,000위엔(한화 약 51만원)이지만, 야채 등의 가격이 비싸 베이징보다 생활비가 더 든다고 한다.
　중국은 산아 제한 정책으로 한족은 1명(농촌은 2명), 소수민족은 2명(농촌은 3명)까지 허용했다가 지금은 한족은 2명(농촌은 3명), 소수민족은 3명(농촌은 4명)으로 늘었지만, 요즘 중국 젊은이들은 육아가 힘들어 1명만 낳는 경우가 많다고 한다. 중국인 가이드도 형제가 1남 3녀이기 때문에 셋째부터는 원래 세금을 1인당 50,000위엔(한화 약 850만원) 정도 납부해야 하는데, 시골이라서 50위엔만 납부했다고 한다.
　버스가 도시를 벗어나기 전에 정비소에 들렀다. 단체가 나갈 때는 반드시 정비를 받고 나가야 한다고 하는데, 정비는 그냥 형식적으로 하는 것 같다. 오히려 정비 보다는 단체로 이동하는 것을 통제하려는 의도 같다.

고속도로 휴게소에 들렀는데, 말로만 듣던 구식 화장실이 있었다. 쭈그려 앉아 용변을 보는 대변기 3개와 소변기가 사방이 개방되어 있고, 세면대조차 없다. 과연 주위에 사람들이 있는 상황에서 대변을 볼 수 있을까? 내가 주유소 가격표를 찍으려고 했더니 주인장 같은 사람이 사진을 못 찍게 한다. 그래서 몰래 찍었다. 그 주유소 가격표상 '92 : 6.97, 95 : 7.50'에서 '92와 95'는 옥탄가를 표기하는 것이고, '-35 : 7.83, 0 : 5.98'에서 '-35와 0'은 경유를 의미하는데, -35는 영하 14도 이하에서도 얼지 않는 경유를 의미한다. 결국 우리나라에서 말하는 보통 휘발유는 리터당 6.97위엔(약 1,185원), 보통 경유는 5.98위엔(약 1,016원)이다.

고속도로 주변 땅은 주로 황토색 흙인데, 그 흙에는 감자와 옥수수만 자라고 나머지 채소는 자라지 않는다고 한다. 여행객을 위한 게르가 아닌 일반 게르에서는 전기가 공급이 안 되는 곳이 많아서 채소를 보관하기도 어려워 양고기나 우유를 주로 먹는다고 한다.

초원 입구에 있는 휴게소에 들렀는데, 여기서는 화장실 이용하는데 1위엔을 내라고 한다. 바람이 세차다. 긴팔을 입기를 잘 한 것 같다. 초원에 게르가 보이는데, 잡목조차 없다. 이곳에 골프장을 만들면 OB는 없을 것 같고, 골프공을 잃어버릴 일도 없을 것 같다. 초원에 들어서니 버스가 비포장도로를 기어가듯 천천히 간다. 초원에 거의 풀이 없다. 양과 말들은 무엇을 먹고 살까 걱정이 앞선다. 마을에 도착하자 입구에서 직원이 술 한 잔씩 권한다. 술잔을 받는 것이 몽골족의 예의라고 해서 나도 술잔을 받았다.

몽골족의 이동식 집 게르(Ger) 형태로 지은 호텔에서 짐을 풀었다. 방 옷걸이에 파리채가 장총처럼 걸려있다. 큰 연회장에서 몽골식 점심식사를 하는데, 8가지 요리가 나왔다. 애호박 볶음요리만 일부 남겼고, 나머지 음식은 깨끗이 비웠다. 음식이 다 맛있다. 옥수수와 면, 볶  음밥을 추가했다. 식사가 끝날 무렵 몽골 여인들이 돌아다니면서 환영하고 존경한다는 뜻으로 술 한 잔을 권한다. 종업원에게 노래를 요청하면, 식사 자리까지 와서 노래를 불러주는데, 한 곡당 50위엔이다. 점심식사 후 밖에 나오니 맑은 하늘에 햇무리가 생겼다. 바람이 세차게 불어 바람막이 옷을 꺼내 입었다. 말들이 참 얌전히 있다. 나비 한 마리가 날아다닌다. 터키, 몽골, 우리나라는 공통적으로 몽골반점이 있다. 세 민족은 같은 조상이 아닐까? 특히 몽골  사람들의 얼굴이 우리나라 사람들과 비슷한 것 같다.

우리 일행은 모두 말을 탔다. 반환점에서 쉬는 시간과 복귀하는 길목에 있는 게르에서 밀크티 한 잔 마시는 시간을 포함해서 총 2시간가량 말을 탄다. 나는 처음에는 말 타는 것이 두려워 맏형과 함께 마차만 타려고 했는데, 그냥 죽으면 죽으리라(?)하는 각오로 생애 처음으로 말을 탔다.

처음에 말 등에 올라 탈 때와 말이 조금 세게 달릴 때는 조금 무서웠지만, 타고 가다 보면 금방 적응한다. 말이 의외로 말을 잘 듣는다. 말을 이끄는 몽골인 한 분이 동행하기에 크게 걱정하지 않아도 된다. 대체적으로 말이 알아서 잘 간다. 꼭 AI 타는 기분이다. 그렇지만 오랫동안 말을 타다 보면 내가 몽골족 아닌 것이 '참 다행이다.'라는 생각이 들었다. 일행 중 막내가 타던 말이 맏형이 탄 말을 물더니, 갑자기 맏형 오른쪽 정강이를 물어 상처를 냈다. 다행히 맏형이 청바지를 입어서 덜 다친 것 같다. 풀 뜯어 먹는 말의 이빨이 그렇게 강한 줄은 몰랐다.

반환점이 있는 초원에는 조그만 물줄기가 흐르고 있었고, 그곳은 풀들이 제법 많았다. 이름 모를 아주 작은 꽃들이 하얗게, 노랗게 피어 있다. 초원이 관광지로 개발되기 전에는 유목민들이 그 물을 마셨다고 하는데, 물이 깨끗하지는 않다. 소똥 마른 것을 들고 사진을 찍었는데, 소똥이 소똥 같지 않고 마른 진흙 같다.

초원에서 말 타기 경험을 하려면, 바람막이 옷, 선글라스, 스포츠 마스크는 준비하는 것이 좋다. 나는 마스크 대신 손수건으로 코와 입을 가렸다. 승마용 모자와 장화는 빌려 준다. 말타기 체험을 개인이 신청하면 680위엔(한화 115,600원)이고, 여행사 통하면 일부 할인된다고 한다.

말 타기를 마치고 샤워를 하는데, 지하 200m에서 끌어올린 찬물밖에 안 나온다. 저녁 때 잠시 따뜻한 물이 나온다고 하는데, 그때까지 기다릴 수는 없었다. 오늘 저녁식사는 특별식이다. 저녁식사 시작하기 전에 남자 종업원은 여자 목에, 여자 종업원은 남자 목에 환영한다는 뜻으로 파란색 스카프를 걸어 준다. 노래도 3곡 불러달라고 하여, 3곡 연거푸 들었다.

우리는 미리 예약하여 32만원에 양 1마리를 잡았다. 몽골인들은 양을 잡을 때 남녀가 나와 양의 머리를 덮고 있는 붉은 천을 걷어 내고, 양의 머리와 몸에 칼집을 내고, 남자가 작은 칼로 엉덩이 부분 살을 일부 도려내어 여자에게 주고, 남녀가 함께 술을 마시는 의식을 행하는데, 일행의 배려로 남자 역은 내가, 여자 역은 문영삼 동생이 맡아서 몽골 전통 남녀복장을 입고, 그 의식을 진행했다. 10명이면 양 1마리만 잡아도 충분히 먹을 수 있다.

저녁식사 후 쉬다가 밤 9시부터 공연이 있다고 해서 나가 봤다. 공연 전 중국인들이 모닥불 주변에서 수건돌리기 게임을 하고, 한쪽에서는 빠른 음악에 맞춰 빙빙 돌면서 춤을 춘다. 약 10분 정도 폭죽도 터진다. 밤 9시20분 쯤 남자 무희 두 명이 모닥불 주변에서 북춤을 추고, 여자 가수가 클론의 '쿵따리 샤바라'를 중국어로 부르자 사람들이 무대로 나와 함께 어울려 춤을 추고, 남자 가수가 목소리로 몽골 전통 악기 소리를 내고, 4명이 전통악기를 연주하고, 젊은 남자 가수가 노래를 부르고, 무희 4명이 중국노래인지 몽골노래인지 부르면서 신나게 춤을 추

는 등 약 1시간 동안 혼을 빼놓는 공연을 한다. 그 공연을 보는 것만으로도 네이멍구 초원 여행은 100점짜리 여행이다. 그리고 마지막에는 사회자가 글씨와 그림 여러 점을 경매로 판매한다. 모두 사고 싶을 정도로 그림들이 마음에 들었다. 끝으로 출연진들과 여행객들이 손을 잡고 모닥불을 도는 것으로 공연이 끝났다. 나도 그 때 몽골여인의 손을 잡아 봤다.

   공연이 끝나고 칠흑 같은 어둔 밤하늘을 보니 별들이 쏟아진다. 별들이 쏟아진다는 표현이 딱 맞는 표현이다. 그런데 아쉽게도 그 별들은 스마트폰으로 담겨지지 않는다. 마음으로 담아야 할 것이 사람의 마음만 있는 것이 아니라 별도 있다는 것을 오늘 처음 알았다. 내일은 사막 여행이다.

4. 넷째 날 : 쿠부치 사막에서 비 맞기

우리 일행 중 네 분은 새벽 4시 30분경 기상해서 일출을 봤는데, 나는 잠에 취해 새벽 5시 30분에 기상하는 바람에 못 봤다. 이곳 지명 영문명은 'Xilamuren Prairie' 즉 '시라무런 평원'으로 되어 있는데, 맞는 표현이다. 이곳은 초원이 아니라 평원이다. 끝이 없다.

오늘 아침식사는 군대 짠밥통 배식이다. 그래서 우리는 컵라면과 오근수 형이 준비해온 밑반찬으로 아침식사를 했다. 나는 평소 라면을 잘 안 먹는데, 오늘은 컵라면을 2개나 먹었다.

숙소에서 쿠부치 사막 샹샤완(庫布齊沙漠 响沙湾, kubuqishamo xiangshawan)까지 약 5시간 소요된다. 가이드는 중국은 단오절에 쉬는데, 월요일이 단오절이라서 사막에 사람들이 많을 것이라고 했지만, 막상 가보니 그리 많지 않았다. 고속도로가 왕복 8차선인데, 도로 상태가 아주 좋다. 고속도로 제한속도는 승용차는 시속 120km, 버스는 시속 90km, 트럭은 시속 80km이다. 가드레일 색이 초록색이다.

약 1시30분 주행 후 휴게소에 들렸는데, 이곳 휴게소는 상당히 크다. 화장실도 깔끔하고 냉온수도 제공한다. 입구에서 과일과 옥수수, 고구마 등을 파는데, 옥수수 하나에 5위엔이다. 옥수수가 식당에서 먹었을 때보다 맛은 덜했다. 어느 고객이 과일을 구입하겠다고 하자 종업원이 목에 건 QR 코드를 제시하고, 그 고객이 위챗 QR 코드 스캔을 하니 바로 결제가 되었다. 외국인도 중국 전화번호와 중국은행 통장만 개설하면, 위챗 결제가 가능하다고 한다. 고속도로 옆 민둥산은 대부분 초입 부분까지 조림(造林)을 잘 해 놓았다. 어마어마한 양의 조림이다. 중국 정부가 사막화를 막기 위해 많이 노력하는 것 같다.

美岱召(meidaizhao)라는 곳의 산 중턱에는 하얀 불탑이 하나 세워져 있다. 티벳불교 영향으로 탑이 흰색이다. 징기스칸 17대 손이 그곳을 수도로 정하고, 절을 세우면서 마을도 절 모양으로 세운 것이란다. 그곳은 비교적 장소가 협소해서 수도로 정하기에는 부적절한 것으로 판단되나, 유목민들의 특성상 한 곳을 장기적으로 머물 수 없기 때문에 한 때 수도로 정한 곳이다.

10시 30분경 지나가는 비가 내린다. 점심식사는 두 번째 날 숙박하기로 했던 호텔에서 중국요리 10가지를 먹었는데, 참 맛있었다. 특히 광어찜 요리는 맛이 일품이었다. 여종업도 친절하고, 우리 일행 중 한 분이 50위엔 팁을 줘도 받지 않는다. 이곳에서는 통상 시급은 없고, 9시간 기준으로 일급 최고액은 150위엔, 약 25,500원이라고 한다. 식사하는 룸 안에는 화장실과 쇼파까지 마련되어 있다. 아이 돌잔치를 우리나라 결혼식 이상으로 엄청 성대하게 했다.

몽골인들은 5가지색 흰색, 파란색, 초록색, 노란색, 붉은색을 좋아하는데, 그 이유는 흰색은 구름을, 파란색은 하늘을, 초록색은 초원을, 노란색은 땅을, 붉은색은 불을 상징한다고 한다. 그래서 옷도 위 5가지 색으로 배열한 옷

이 잘 팔린다고 한다.

음산이라는 산 중턱에 대형 불상이 있다. 그런데 4일 동안 교회 십자가는 딱 한 번 봤다. 사막으로 가는 길목에 어얼뚜어스(eerduosi)라는 도시를 지나갔는데, 이 도시는 2005년에 상하이 GDP를 추월할 정도로 잘 사는 도시(네이멍구에서 세 번째로 큰 도시)라고 한다.

쿠부치 사막은 중국에서 7번째로, 네이멍구에서는 2번째로 큰 사막이다. 가이드는 "이곳은 365일 중 약 5일만 비가 온다."고 설명했는데, 사막에 도착하자마자 비가 내린다. 현대차 택시가 보여 차와 함께 사진 찍었다. 외국에 나오면 저절로 애국자가 되는 것 같다. 케이블카를 타고 가다보면 강줄기가 보이는데, 1년에 한 번 가득 찰 때가 있다고 한다. 쿠부치 사막은 우리나라에 영향을 주는 황사의 발원지라고 하지만, 비가 살짝 내려서 그런지 사막에 머무는 동안 먼지 한번 날리지 않았다. 공기도 참 맑다. 그렇지만 평상시 맑은 날에는 선글라스와 모자, 마스크는 꼭 준비해야 할 것 같다.

사막에 모래가 많기에 건축하는데 좋겠다는 생각을 했는데, 모래가 밀가루처럼 고와서 건축용 모래로는 사용할 수 없다고 한다. 사막 안에는 7성급

호텔이 있고, 그 호텔 고객은 짚라인(Zipline) 타는 곳이 별도로 마련되어 있다. 참고로 샹사완 사막의 각종 시설 관리와 운영은 지방정부가 주관하고 있다. 케이블카 주변에 현대차가 보여 참 다행이다. 케이블카를 타고 사막 입구까지 가는데, 어제 초원에서 들었던 몽골노래가 나온다. 노래가 힘이 있고, 참 흥겹다.

　오늘 방문한 샹샤완 사막의 샹(响, xiang)은 '소리가 나다, 울리다.'의 뜻이 있는데, 이곳 모래는 건조할 때 '샤샤~' 소리가 나기 때문에 그와 같이 이름이 지어진 것이라고 한다. 덧신을 빌려서 신은 후 사막 위를 달리는 트럭을 개조한 서핑카를 탔다. 운 좋게 운전석 옆 조수석에 앉아서 갔다. 사막에 들어가자마자 맨 먼저 낙타를 탔다. 어제 말을 타서 그런지 낙타 타는 것은 겁나지 않았다. 낙타가 무릎을 꿇은 상태에서 타고 내린다. 낙타 타는 시간이 너무 짧아 다소 아쉬웠다. 낙타는 15일에 한 번꼴로 물을 마시기에 물이 보이면 뺏으려고 달려들 수 있기에 낙타 탈 때는 물을 보이지 않는 곳에 두고 타야 한다고 하는데, 나는 뒷주머니에 생수통을 넣고 탔으나 문제는 없었다.

　이어서 짚라인을 타려고 갔다. 짚라인은 60세 이상은 못 타고, 몸무게 80kg 이상은 탈 수 없다고 계속 안내방송이 나오는데, 70세 이상만 되돌려 보내는 것 같다. 나도 80kg를 초과해서 탈락했다. 심지어 우  리 일행 중에는 81kg로 탈락했다. 우리 일행 10명 중 5명이 탈락했다. 앞으로 안내방송을 이해할 정도로 중국어를 더 열심히 공부해야겠다고 다짐했다. 나머지 5명도 3명만 타고 나머지 2명은 바람이 불어 운행을 중단하는 바람에 그냥 내려왔다. 이후 계속 바람이 부니까 운행을 중단했다. 규정을 철저하게 지키는 직원들의 복무태도가 마음에 든다. ATB를 2인 1조로 탔는데, 현지 직원이 동승하고, 운전도 그 직원이 하기 때문에 부담 없이 탈 수 있다.

　가이드 말에 의하면, 사막은 아침 8시 30분 개장해서, 저녁 8시에 폐장한다고 한다. 화장실도 아주 깔끔하다. 심지어 어린이용 좌변기도 있다. 여러 가지 공연을 볼 수 있고, 핸드폰 충전하는 곳(중국은 220V이다)과 의무실과 수유실 등 편의시설이 잘 되어 있다. 아빠와 딸이 바둑 두는 모습이 참 보기 좋았다.

　대한항공이 쿠부치 사막에 나무심기 운동을 10년 째 하고 있고, 우리나라 산림청도 2007년부터 지금까지 쿠부치 사막에 나무 400만 그루를 심었고, 올해도 40만 그루를 추가로 심을 예정이라고 한다. 사막 자유이용권은 1인당 280위엔이지만, 우리는 단체로 140위엔에 발권했다고 한다. 우리가 나오려고 서핑카를 타니 빗방울이 떨어진다. 서핑카는 비가 안 오는 동네라서 그런지 뚜껑이 없어서 비가 오면 맞아야 한다.

　사막에서부터 오늘 묵을 호텔이 있는 후허하오터시까지 약 3시간 소요된다. 오늘 저녁식사를 한 식당은 고기뷔페 식당인데 규모가 어마어마하다. 각종 고기뿐만 아니라 샤브샤브, 야채, 과일 등 모든 것이 풍부하다. 고량주와 맥주, 아이스크림 등 모든 식음료가 가격에 포함되어 있다. 주당들에게는 최고의 식당 아닐까? 먹을 것이 너무 많다. 오랜만에 맘껏 상추쌈을 하니 살 것 같다. 그런데 1인당 가격이 59위엔, 약 10,030원으로 가격도 착하다. 사장님이 미치지 않고서야 … 모든 면에서 강추 한다. 다만, 약간 더운 것이 단점이다. 친절한 여종업원이 "한국 화장품 좋지 않냐?"고 묻는다. 어제 발 맛사지 받을 때 여종업원도 한국화장품 이야기를 먼저 꺼냈다. 여행사 대표님이 준비해주신 한국 김치에다 고기를 먹으니 금상첨화이다. 다들 너무 많이 먹어서 그런지 호텔에 도착하자마자 샤워하고 바로 잠 들었다. 역시 여행은 먹는 즐거움이 최고이다.

5. 다섯째 날 : 우리 조국 대한민국을 위하여!!

아침 08:05 탑승이라서 05:00 기상했다. 10명이 군인처럼 시간을 참 잘 지킨다. 호텔 앞에서 사진 찍고 출발예정시간인 06:00 정각에 출발했다. 아침식사는 여행사에서 준비해준 우유, 바나나, 빵 등으로 대신했다. 후허하오터공항에는 여권이나 중국인 신분증이 없으면 출입구 자체를 들어갈 수 없다. 4박 5일 동안 안내해 준 중국인 가이드, 한국 유학생으로서 첫 여행가이드를 한 한국 청년과 아쉬운 작별인사를 했다.

항공권을 발권한 후 대기하고 있는데, 또 베이징공항 사정으로 연착이란다. 중국은 일기가 좋지 않으면 비행기 이착륙을 통제하는 것으로 알았는데, 베이징공항에 도착해보니 날씨만 좋다. 첫 날도 마지막 날도 에어 차이나 항공사의 문제로 연착된 것이다. 우리는 전후 사정도 모른 채 후허하오터공항 내 스타벅스 커피숍에서 아이스 아메리카노와 아이스 라떼를 마시면서 담소를 나눴다. 커피값은 24위엔(약 4,080원), 28위엔(약 4,760원)으로 한국과 비슷하다. 공항에 노래방 기계도 보인다.

09:30경 비행기에 탑승했는데, 2시간이 지난 11:30이 되어서야 이륙했다. 에어 차이나 항공에 정시 출발을 기대하는 것은 무리인 것 같다. 13:20 베이징공항에 도착했는데, 환승할 비행기는 우리를 기다리지 않고 출발해 버렸다. 열심히 베이징공항을 뛰어 다니느라 4일 동안 살찌운 뱃살을 베이징공항에 남기고 간다. 일단 베이징공항에서 나와 다시 항공권을 발권해서 받았다. 베이징 17:30 출발, 인천 20:40 도착이다. 한국에서 후허하오터공항까지 직항은 성수기인 7,8월에만 있다고 한다.

세계를 지배했던 몽골족이 왜 소수민족으로 몰락했을까? 그런 점에서 중국, 러시아, 일본, 미국 4대 강대국 사이에서 당당하게 살아가는 우리 조국 대한민국이 자랑스럽기만 하다. 한 나라의 부흥과 몰락의 원인은 여러 가지가 있을 것이다. 분명한 것은 우리가 지금까지 지켜온 자유 민주주의와 문화, 근면 성실한 자세 등 지켜야 할 것은 지키고, 발전시켜야 할 것은 발전시켜야 할 것이다.

물은 고이면 썩는다. 돈도, 사람도, 지식도 머무르면 안된다. '소나무가 늘 푸른 것은 끊임없이 잎을 바꾸기 때문이다.'(영국 정치가 에드먼드 버크) 계속 변해야 하고, 계속 나아가야 한다. 우리는 후손들의 축복의 통로가 되고, 우리 후손들은 그 후손들의 행복의 통로가 되어야 한다.

"아쉽다." 일행 중 맏형인 황선춘 형이 후허하오터공항에서 한 말이다. 여행 할 때의 시간은 일상생활 할 때의 시간 보다 더 빠르게 지나가는 것 같다. 현재 반포중 부자유친 OB모임 회원 32명의 아들들이 고등학교 1학년에서 대학교 1학년에 재학 중이기 때문에 지금은 아들들과 함께 장기 여행을 다닐 수는 없지만, 10여년 후에는 2015년 아빠와 아들 총 37명이 3박 5일 라오스여행, 2016년 총 31명이 4박 5일 캄보디아여행을 한 것처럼 함께 할 수 있을 것이다. 아빠와 아들이 산행, 자전거 라이딩, 연탄 봉사, 여행 등을 함께 하면서 부자간의 정을 쌓아 가고, 나라와 사회 발전을 위해 고민하는 부자유친 모임이 전국적으로 활성화되길 기대한다.

반포중 부자유친 OB모임의 공식 구호는 "우리 조국 대한민국을 위하여!!"이다. 우리 아들들이 우리 조국 대한민국을 위해 헌신할 수 있도록 마음을 다하여 아들들을 응원하고, 우리 아버지들부터 더불어 사는 세상을 만들어 갈 것을 다짐한다.

나는 이번 네이멍구 여행을 하기 어려운 99가지 이유가 있었음에도 1가지 여행해야 하는 이유로 여행에 동참했다. 2019년 울릉도, 2020년 백두산, 2021년 부탄 여행을 기대하면서 사연 많고, 참 행복했던 네이멍구 여행을 마감한다. 함께 동행해주신 하나님께 감사하다.

읽으면 행복해지는 책

김홍신_ 작가 "우리시대의 깃대종"

시대의 아픔을 걱정하고 스스로의 혼을 조신하게 닦으며 이웃을 눈여겨 지극히 살피는 지성인이 그리운 시절에 김양홍 변호사는 뚜벅뚜벅 바른 걸음으로 우리시대의 깃대종이 되었습니다. 김양홍 변호사는 천명을 곱게 받드는 넉넉한 품격이 있습니다. 대한민국을 감동케하려는 어짐이 있습니다. 그는 우리 시대를 조명하려는 참 선비입니다.

조국_ 서울대 법학전문대학원 교수 "글은 사람을 닮는다"

글은 사람을 닮는다 했다. 언제나 주변 사람들을 따뜻한 마음으로 대하고 배려와 공감으로 소통하는 김양홍 변호사의 뜻과 삶을 이 작은 책자를 통하여 엿볼 수 있다. 다들 경험해 보았을 일상의 소소한 사건, 사람과 사회에 대한 김변호사의 성찰에 기초한 미셀러니를 읽으면서 내 자신을 돌아보게 된다.

나주옥_ 김양홍의 아내 "더 행복해지시고 주님께 가까이 다가서기를"

이번 3번째로 출간하게 되는 책을 읽다보니 마음이 따뜻해지고 감사하는 마음을 갖게 됩니다. 또한 매 글마다 마지막에 있는 성경 말씀을 통해 더 그 글의 지혜를 성경적으로 바라보게 됩니다. 이 책을 통해 많은 분들이 삶이 더 행복해지시고 주님께 가까이 다가서는 시간이 되실 거라고 믿습니다.

김은혜_ 김양홍의 딸 "어머니의 자장가와 따뜻한 베개 같은 책"

잠시 나라는 공간 속에서 편히 잠들고 싶을 때 이 책을 읽으면 글귀 하나하나가 어머니의 자장가처럼 독자 여러분들에게 따뜻한 베개가 되어 드릴 것입니다.

김은철_ 김양홍의 아들 "생생한 삶의 향기"

힘들어하신 적은 있어도 절망하지 않으시는 아버지가 쓰신 책입니다. 항상 긍정을 말하시고, 언제나 주변 사람들을 축복하시는 당신의 인생과 삶에 대한 성찰을 담은 책! 이 책에 담긴 생생한 삶의 향기를 느끼시기 바랍니다.

책 구입처 : 교보문고, 영풍문고, 반디앤루니스, 알라딘, YES24, 생명의말씀사 직영서점

변호사 김양홍 Profile

광주제일고등학교, 전남대학교 법과대학 졸업
제10회 군법무관임용시험 합격, 사법연수원 수료
수도방위사령부 검찰부장
제3사단 법무참모
제3군단 보통군사법원 군판사
국방부 법무관리관실 군사법담당
고등군사법원 보통부장
변호사/변리사/세무사/행정사 등록

< 현재 >
국방부 중앙군인(군무원)인사소청심사위원회 위원
방위사업청 보통징계위원회 민간위원
제56사단 노고산연대 명예 법무장교
대한임상초음파학회 고문변호사
순천향대학교 천안병원 법률고문
사단법인 대한민국공무원 공상유공자회 고문변호사
사단법인 전국보일러설비협회 고문변호사
사단법인 민주시민정치아카데미 이사
사단법인 다비다자매회 이사
재단법인 금호학원 이사
한국성결신문/코람데오닷컴/전우뉴스 칼럼니스트
용산구상공회 수석부회장
이수성결교회 장로
공증인가 법무법인 서호 대표변호사

< 저서 >
민법판례(개정2판, 유스티니아누스)
법무법인 서호의 국가유공자클리닉(공저, 법률정보센터)
사회복지법령집(퍼시픽북스)
협동조합 사례별 절차실무(공저, 법률정보센터)
주택임대차보호법 해설(공저, 법률정보센터)
변호사 김양홍의 행복한 동행 1권, 2권, 3권(모리슨)

변호사 김양홍의 행복 나누기

초판 1쇄 인쇄일 2020년 1월 20일
초판 1쇄 발행일 2020년 1월 20일

지은이 | 김양홍
펴낸이 | 김미아
펴낸곳 | 더푸른출판사
편　집 | 하종기

출판 등록 2019년 2월 19일 제 2009-000006호
17736 경기도 평택시 이충로35번길 51, 307동 604호
전화 | 031-616-7139
팩스 | 050-4361-5259
E-mail | dprcps@naver.com
홈페이지 | https://blog.naver.com/dprcps

ISBN 979-11-968107-0-2(03810)

* 책 가격은 뒤표지에 표시되어 있습니다.
* 지은이와 협의에 의해 인지는 생략합니다.
* 잘못된 책은 구입하신 곳에서 교환해 드립니다.